양승관의 기초 스페인어

양승관의 기초 스페인어

초판 1쇄 발행 2010년 11월 20일 ＼**초판 3쇄 발행** 2016년 3월 1일
지은이 양승관 ＼**펴낸이** 이영선 ＼**편집 이사** 강영선 ＼**주간** 김선정
편집장 김문정 ＼**편집** 김종훈 김경란 하선정 김정희 유선 ＼**디자인** 정경아 이주연
마케팅 김일신 이호석 김연수 ＼**관리** 박정래 손미경 김동욱

펴낸곳 서해문집 ＼**출판등록** 1989년 3월 16일(제406-2005-000047호)
주소 경기도 파주시 광인사길 217(파주출판도시) ＼**전화** (031)955-7470 ＼**팩스** (031)955-7469
홈페이지 www.booksea.co.kr ＼**이메일** shmj21@hanmail.net

©양승관, 2010
ISBN 978-89-7483-448-7 03770
값 12,900원

이 도서의 국립중앙도서관 출판시도서목록(CIP)은 e-CIP 홈페이지(http://www.nl.go.kr/ecip)에서
이용하실 수 있습니다.(CIP제어번호: CIP2010003895)

RoCoco book
로코코북

머리말

스페인어는 스페인, 중남미, 아프리카 적도 기네아, 미국의 대다수 지역, 필리핀 등 20여 개국에서 4억 5천만 명의 인구가 사용하는 언어로 유용성과 실용성이 매우 높은 외국어입니다. 이러한 이유로 스페인어는 현재 전 세계적으로 가장 배우고 싶어 하는 선호도 높은 외국어로 부상하였습니다. 한국에서도 최근 이민자, 여행자, 유학생 등 스페인과 중남미의 독특한 문화와 예술에 매력을 느껴 스페인어를 공부하는 분들이 많아졌습니다. 여러분들도 이제 스페인어를 배움으로써 새로운 세계를 발견하게 될 것이며, 그것은 여러분의 미래에 새로운 꿈과 비전을 제시하게 될 것입니다.

본 교재는 총 16단원으로 구성하여, 한 학기 동안 수업을 할 수 있도록 하였습니다. 각 단원마다 스페인어 기초 과정에서 꼭 배워야 할 의사소통 대화문을 문법 설명과 함께 제시하여, 처음 스페인어를 접하는 학습자들이 쉽고 재미있게 스페인어를 공부할 수 있도록 구성하였습니다.

선행학습

스페인어를 본격적으로 공부하기 이전에 알아야 할 철자, 발음, 음절, 강세, 명사의 성·수에 대해 선행학습을 할 수 있게 하였습니다.

본문

* 스페인어를 처음 배우는 학습자들임을 감안하여, 일상생활에서 많이 사용하는 표현으로 스페인어 대화문을 구성하였고, 각각의 문장 하단에 정확한 한국어 해석을 표기하였습니다.

* 사전에서 단어를 찾는 수고를 덜기 위해 대화문에 사용된 단어와 표현을 자세히 정리하여 수록하였습니다.

* 각 단원의 주제별 실용 스페인어 대화문에서 요구되는 기초 단계의 문법 사항들에 대해 해설하였습니다.

* 마지막으로 다양한 연습문제를 제시하여 각 단원에서 학습한 내용을 복습할 수 있게 하였습니다.

부록

부록에는 문법 보충, 동사 변화표, 연습문제 정답을 수록하였습니다.

본 교재가 학습자 여러분들이 스페인어 기초 과정을 익히는 데 재미있는 학습의 길잡이가 되기를 바랍니다.

강변에서 저자.

차례

학습 내용	· 인사 표현
문법 사항	· 인칭 대명사 주격
	· 동사 ser와 estar

학습 내용	· 이름과 출신 표현
문법 사항	· 소유 형용사
	· 국명 및 국명 형용사
	· ser de 용법
	· 제1변화 규칙 동사의 직설법 현재 (동사 hablar와 llamarse)

학습 내용	· 신분과 직업 관련 표현
문법 사항	· 정관사 용법
	· 제2변화 규칙 동사의 직설법 현재
	· 품질 형용사
	· 지시 형용사

선행학습

철자

스페인어 철자는 5개의 모음(a, e, i, o, u)과 24개의 자음으로 구성되어 총 29개이며, 그 명칭과 발음은 다음과 같다.

대문자	소문자	명칭	
A	a	a	아
B	b	be	베
C	c	ce	쎄
Ch	ch	che	체
D	d	de	데
E	e	e	에
F	f	efe	에페
G	g	ge	헤
H	h	hache	아체
I	i	i	이
J	j	jota	호따
K	k	ka	까
L	l	ele	엘레
Ll	ll	elle	엘례
M	m	eme	에메

대문자	소문자	명칭	
N	n	ene	에네
Ñ	ñ	eñe	에녜
O	o	o	오
P	p	pe	뻬
Q	q	cu	꾸
R	r	ere / erre	에레 / 에ㄹ레
S	s	ese	에세
T	t	te	떼
U	u	u	우
V	v	uve	우베
W	w	doble uve	도블레 우베
X	x	equis	에끼스
Y	y	ye	예
Z	z	zeta	쎄따

▶ **2011**년부터 **Ch[che]**와 **Ll[elle]**는 스페인어 알파벳에서 삭제되었다. 그리고 **V**의 명칭은 '베'**[ve]**, **W**의 명칭은 '도블레 우베'**[doble uve]**로 통일하였고, **Y**의 명칭은 '이그리에'**[i geiega]**에서 '예'**[ye]**로 바뀌었다. **k**와 **w**는 외래어 기원의 문자 표기에 사용된다. **r**는 '에레' 또는 '에ㄹ레'로 읽을 수 있는데, '에ㄹ레'의 한국어 표기는 떨어주는 복합 진동음 **[rr]**을 편의상 나타낸 것이다. **r**가 어두에 있는 경우(**rosa** [ㄹ로사] 장미)나 복합철자 **rr**를 발음할 때(**perro** [뻬ㄹ로] 개) 복합 진동음으로 발음한다.

발음

1 모음

스페인어에는 a, e, i, o, u 5개의 모음이 있다. 이 중에서 a, e, o는 열린모음이고 i, u는 닫힌모음이다.

1 발음

a [아] 발음한다.
casa [까사] 집　　**cama** [까마] 침대

e [에] 발음한다.
mesa [메사] 탁자　　**esto** [에스또] 이것

i [이] 발음한다.
ir [이르] 가다　　**idea** [이데아] 의견

o [오] 발음한다.
sol [솔] 태양　　**solo** [솔로] 홀로

u [우] 발음한다.
uno [우노] 하나　　**luna** [루나] 달

2 이중모음

이중모음이란 하나의 같은 음절에서 발음되는 두 모음의 결합을 말한다. 스페인어의 이중모음은 '열린모음 + 닫힌모음', '닫힌모음 + 열린모음', '닫힌모음 + 닫힌모음'으로 구성된다. 모두 14개의 이중모음이 있다.

'열린모음 + 닫힌모음'   **ai, au, ei, eu, oi, ou**

aire [아이레] 공기   **au**tor [아우또르] 저자

re**ina** [ㄹ레이나] 왕비   **deu**da [데우다] 빚

boi**na** [보이나] 베레모   **Cou**to [꼬우또] 꼬우또(지명)

'닫힌모음 + 열린모음'   **ia, ua, ie, ue, io, uo**

piano [삐아노] 피아노   a**gua** [아구아] 물

cielo [씨엘로] 하늘   **pue**rta [뿌에르따] 문

idi**oma** [이디오마] 언어   **cuo**ta [꾸오따] 몫, 회비

'닫힌모음 + 닫힌모음'   **ui, iu**

c**ui**dado [꾸이다도] 열심   c**iu**dad [씨우닫] 도시

3 삼중모음

삼중모음이란 하나의 같은 음절에서 발음되는 세 모음의 결합을 말한다. 삼중모음은 '닫힌모음 + 열린모음 + 닫힌모음'으로 구성되는데, 열린모음이 음절의 중심이 된다 : iai, iei, uai, uei

estud**iái**s [에스뚜디아이스] 너희들은 공부한다.

estud**iéi**s [에스뚜디에이스] 너희들은 공부한다.(접속법 **2**인칭 복수)

averig**uái**s [아베리구아이스] 너희들은 조사한다.

averig**üéi**s [아베리구에이스] 너희들은 조사한다.(접속법 **2**인칭 복수)

▶ 여러 문법서에서 열린모음을 강모음, 닫힌모음을 약모음이라고 잘못 지칭하고 있다. 모음을 구분하는 데 열린모음과 닫힌모음의 구분은 있어도, 강모음과 약모음의 구분은 존재하지 않는다. 따라서 본 교재에서는 열린모음과 닫힌모음이라는 용어를 사용하기로 한다.

2 자음

모음 a, e, i, o, u를 제외한 나머지 문자들은 모두 자음이다.

b [ㅂ]처럼 발음한다 : ba [바], be [베], bi [비], bo [보], bu [부]

barco [바르꼬] 배, 선박 **beso** [베소] 키스

biblia [비블리아] 성서 **bobo** [보보] 바보

burla [부를라] 조롱, 야유

----

c a, o, u 앞이나 자음 앞에서 [ㄲ]처럼 발음하고, e, i 앞에서 [ㅆ]처럼 발음한다 : ca [까], co [꼬], cu [꾸], ce [쎄], ci [씨]

casa [까사] 집 **colegio** [꼴레히오] 학교

Cuba [꾸바] 쿠바 **clima** [끌리마] 기후

accidente [악씨덴떼] 사고 **cero** [쎄로] 영, 제로

cine [씨네] 영화관

▶ 스페인의 북부, 중부 그리고 동부 지역에서는 대체로 **ce / ci**를 치간음 [θ]로 발음하고, 스페인 남서부 지역, 카나리아 제도 그리고 중남미의 대다수 지역에서는 **[s]**로 발음한다.

ch a, e, i, o, u와 함께 다음과 같이 발음한다 : cha [차], che [체], chi [치], cho [초], chu [추]

chao [차오] 안녕 **cheque** [체께] 수표

chico [치꼬] 소년 **chorizo** [초리쏘] 소시지

churro [추르로] 추러스(튀김 과자)

d

[ㄷ]처럼 발음한다 : da [다], de [데], di [디], do [도], du [두]

dado [다도] 주사위   **de**do [데도] 손가락

dinero [디네로] 돈   **do**lor [돌로르] 고통

duda [두다] 의심

---

f

영어의 [f] 발음처럼 아랫입술을 가볍게 윗니에 대고 발음한다 : fa [파], fe [풰], fi [퓌], fo [포], fu [푸]

familia [파밀리아] 가족   **f**e [풰] 믿음, 신념

fin [퓐] 끝   **f**oto [포토] 사진

fuego [푸에고] 불

---

g

a, o, u 앞이나 자음 앞에서 [ㄱ]처럼 발음하고, e, i 앞에서 [ㅎ]처럼 발음한다 : ga [가], go [고], gu [구], ge [헤], gi [히]

gato [가또] 고양이   **g**orila [고릴라] 고릴라

a**g**ua [아구아] 물   di**g**no [디그노] 품위 있는

gritar [그리따르] 소리치다   **g**ente [헨떼] 사람

gigante [히간떼] 거인

복합철자 gu도 e, i 앞에서 [ㄱ]처럼 발음한다. 그리고 u위에 음가부호(¨)가 있는 'güe', 'güi'의 경우 각각 [구에], [구이]로 발음한다.

guerra [게ㄹ라] 전쟁   **gu**itarra [기따ㄹ라] 기타

ver**gü**enza [베르구엔싸] 부끄러움   **gü**isqui [구이스끼] 위스키

lin**gü**ística [링구이스띠까] 언어학

---

h

발음되지 않는 무성음이다 : ha [아], he [에], hi [이], ho [오], hu [우]

harina [아리나] 밀가루   **h**elado [엘라도] 아이스크림

hijo [이호] 아들   **h**oy [오이] 오늘

humor [우모르] 유머

---

j

목 안쪽에서부터 강하게 [ㅎ] 발음한다 : ja [하], je [헤], ji [히], jo [호], ju [후]

jamón [하몬] 햄

jirafa [히라파] 기린

juego [후에고] 경기

jerez [헤레쓰] 셰리주

joven [호벤] 젊은이

---

k

외래어 표기에 사용하며, [ㄲ]처럼 발음한다 : ka [까], ke [께], ki [끼], ko [꼬], ku [꾸]

kaki [까끼] 카키색, 감

kilómetro [낄로메뜨로] 킬로미터

kilogramo [낄로그라모] 킬로그램

koala [꼬알라] 코알라

---

l

[ㄹ]처럼 발음한다 : la [라], le [레], li [리], lo [로], lu [루]

lámpara [람빠라] 램프

libro [리브로] 책

luna [루나] 달

lejos [레호스] 멀리

loco [로꼬] 미친

ll

a, e, i, o, u와 함께 다음과 같이 발음된다 : lla [야], lle [예], lli [이], llo [요], llu [유]

llave [야베] 열쇠

a**ll**í [아이] 저기

lluvia [유비아] 비

ca**ll**e [까예] 거리

caba**ll**o [까바요] 말

▶ 복합철자 ll는 지역에 따라 발음이 약간 다르다. 예를 들어 **calle**의 경우 스페인 대부분의 지역에서는 [까(이)예]로 발음하고, 중북부 지방에서는 [깔(리)예]로 발음한다. 중남미 지역에서는 대체로 [까(이)제]라고 발음한다.

m [ㅁ]처럼 발음한다 : ma [마], me [메], mi [미], mo [모], mu [무]

mamá [마마] 엄마   **mente** [멘떼] 마음, 정신

mismo [미스모] 똑같은   **moda** [모다] 유행

mucho [무초] 많은

---

n [ㄴ]처럼 발음한다 : na [나], ne [네], ni [니], no [노], nu [누]

nariz [나리쓰] 코   **negro** [네그로] 검은

nieve [니에베] 눈   **noche** [노체] 밤

nuevo [누에보] 새로운

c, g, j, q 앞에 올 때는 [ŋ] 발음이 나온다.

blanco [블랑꼬] 하얀   **sangre** [상그레] 피

granja [그랑하] 농장   **tanque** [땅께] 탱크

b, m, p, v 앞에 올 때는 [m] 발음이 나온다.

en Bélgica [엠 벨히까] 벨기에에서   **conmigo** [꼼미고] 나와 함께

en pie [엠 삐에] 발로   **un vaso** [움 바소] 컵 하나

ñ 모음 a, e, i, o, u와 함께 다음과 같이 발음된다 : ña [냐], ñe [녜], ñi [니], ño [뇨], ñu [뉴]

España [에스빠냐] 스페인   **año** [아뇨] 년, 해

niño [니뇨] 어린아이   **pañuelo** [빠뉴엘로] 손수건

---

p [ㅃ]처럼 발음한다 : pa [빠], pe [뻬], pi [삐], po [뽀], pu [뿌]

palabra [빨라브라] 말   **pero** [뻬로] 그러나

piano [삐아노] 피아노   **pobre** [뽀브레] 가난한

pulso [뿔소] 맥박

▶ -pt-를 가진 단어의 경우는 [ㅂ]으로 발음한다.

séptimo [셉띠모] 일곱 번째　　　　**septiembre** [셉띠엠브레] 9월

▶ **ps-**로 시작하는 단어에서는 **p**가 발음되지 않는다.

psicología [시꼴로히아] 심리학

---

q　항상 u와 함께 복합철자 qu를 형성하고 e, i와 함께 que [께], qui [끼]로 발음한다.

ataque [아따께] 공격　　　　**queso** [께소] 치즈

quizás [끼사스] 아마도　　　　**máquina** [마끼나] 기계

aquí [아끼] 여기

---

r　[ㄹ]처럼 발음한다. 모음 사이에서 그리고 이중자음 br, cr, dr, fr, gr, kr, pr, tr에서 단순 진동음으로 발음된다 : ra [라], re [레], ri [리], ro [로], ru [루], bra [브라], cre [끄레], dra [드라]

cara [까라] 얼굴　　　　**caro** [까로] 비싼

brazo [브라쏘] 팔뚝　　　　**crema** [끄레마] 크림

drama [드라마] 드라마　　　　**fresa** [프레사] 딸기

grande [그란데] 거대한　　　　**Kremlin** [끄렘린] 크렘린

prado [쁘라도] 목장　　　　**traje** [뜨라헤] 옷

단어의 처음 그리고 같은 음절에 속하지 않는 자음(l, n, s) 뒤에서 복합 진동음 ([ㄹ] 발음을 떨어줌)으로 발음된다 : ra [ㄹ라], re [ㄹ레], ri [ㄹ리], ro [ㄹ로], ru [ㄹ루]

razón [ㄹ라쏜] 이유　　　　**regla** [ㄹ레글라] 규칙

rico [ㄹ리꼬] 부유한　　　　**rosa** [ㄹ로사] 장미

rumor [ㄹ루모르] 루머　　　　**honra** [온ㄹ라] 면목

alrededor [알ㄹ레데도르] 주위에　　　　**Israel** [이스ㄹ라엘] 이스라엘

접두어 ab-, sub-, post- 뒤의 r는 같은 음절이 아니며, 복합 진동음으로 발음한다.

subrayar [수브르라야르] 강조하다   **postromántico** [뽀스뜨르로만띠꼬] 후기 낭만주의의

▶ 복합철자 **rr**는 복합 진동음으로 발음한다. 단어의 첫머리에 오는 경우가 없으며, 항상 모음 사이에 나타난다.

perro [뻬르로] 개   **carro** [까르로] 카트
torre [또르레] 탑

---

s

[ㅅ]보다 강하게 발음한다 : sa [사], se [세], si [시], so [소], su [수]

sábado [사바도] 토요일   **serio** [세리오] 진지한
sí [시] 예   **sobre** [소브레] 봉투
casi [까시] 거의   **suelo** [수엘로] 바닥

---

t

[ㄸ]처럼 발음한다 : ta [따], te [떼], ti [띠], to [또], tu [뚜]

tango [땅고] 탱고   **techo** [떼초] 천장
tigre [띠그레] 호랑이   **todo** [또도] 모두
turismo [뚜리스모] 관광

---

v

[ㅂ]처럼 발음한다 : va [바], ve [베], vi [비], vo [보], vu [부]. b의 경우와 발음이 같다.

vaca [바까] 암소   **verde** [베르데] 푸른
vida [비다] 인생, 삶   **voz** [보쓰] 목소리
vuelo [부엘로] 비행

---

w

외래어를 표기할 때 사용한다. 대체로 영어 기원의 단어는 [u]로 발음하고, 독일어 기원의 단어는 [b]로 발음한다.

whisky [위스끼] 위스키   **wagneriano** [바그네리아노] 바그너풍의

x 모음 사이에서 또는 음절의 마지막 위치에서 [ks] / [gs]로 발음한다 : exa [엑사], exe [엑세], exi [엑시], exo [엑소], exu [엑수]

examen [엑사멘] 시험　　　　　　**boxeo** [복세오] 권투

excelente [엑셀렌떼] 우수한　　　**relax** [ㄹ렐락스] 긴장 완화

단어의 첫머리에서는 [s]로 발음한다.

xenofobia [세노포비아] 외국인 배척　　**xilófono** [실로포노] 실로폰

음절의 끝에서는(음절의 끝 x + 자음 t인 경우) 지역에 따라 [s] 또는 [ks / gs]로 발음되는데, 대개는 [s] 발음 경향이 두드러진다.

extranjero [에스뜨랑헤로] 외국인　　**extraño** [에스뜨라뇨] 이상한

▶ 중남미의 몇몇 지명과 인명의 경우 [ㅎ]으로 발음한다.

México [메히꼬] 멕시코　　　　　**Texas** [떼하스] 텍사스

y 모음 a, e, i, o, u와 함께 다음과 같이 발음된다 : ya [야], ye [예], yi [이], yo [요], yu [유]

ya [야] 이미, 벌써　　　　　　**ayer** [아예르] 어제

yo [요] 나　　　　　　　　　　**ayuda** [아유다] 도움

독립적으로 쓰이거나 단어의 끝에 올 경우 [i] 발음한다.

y [이] 그리고　　　　　　　　**ley** [레이] 법률

---

z [씨] 발음으로 혀를 윗니와 아랫니 사이에 약간 내놓고 발음한다 : za[싸], ze [쎄], zi [씨], zo [쏘], zu [쑤]. 스페인에서는 대체로 치간음 [θ]로 발음하는 반면 중남미 대부분의 지역에서는 [s]로 발음하고 있다.

zapato [싸빠또] 구두　　　　　**Zeus** [쎄우스] 제우스신

zigzag [씨그싸그] 지그재그　　　**zorro** [쏘로] 여우

zumo [쑤모] 주스

음절분해

음절이란 한 번에 발음할 수 있는 음을 말한다. 음절분해는 발음의 정확성을 기하고 강세의
위치를 밝히는 데 사용된다. 음절의 중심은 모음이고, 자음은 독립된 음절을 이룰 수 없다.
음절분해를 할 때 이중모음과 삼중모음은 1개의 모음으로 취급되어 분리되지 않는다.
이중자음(bl, br, cl, cr, dr, fl, fr, gl, gr, pl, pr, tr)도 1개의 자음으로 간주되어 분리되지 않는다.
또한 복합철자인 ch, ll, rr도 음절분해를 할 때 분리되지 않는다.

1 음절분해 규칙

1 모음과 모음 사이에 있는 1개의 자음은 뒤의 음절에 붙는다.

cabeza 머리 : **ca - be - za**　　　　**manera** 방법 : **ma - ne - ra**

otro 다른 : **o - tro**　　　　**ocho** 8 : **o - cho**

madre 어머니 : **ma - dre**　　　　**perro** 개 : **pe - rro**

calle 거리 : **ca - lle**

2 모음과 모음 사이에 있는 2개의 자음은 각각 앞뒤의 음절에 붙는다.

arma 무기 : **ar - ma**　　　　**siempre** 항상 : **siem - pre**

atlas 지도, 도해서 : **at-las**　　　　**canción** 노래 : **can - ción**

excelente 우수한 : **ex - ce - len - te**

complicado 복잡한 : **com - pli - ca - do**

▶ **tl**은 이중자음이 아니다. 중남미, 카나리아 제도를 포함한 일부 스페인 지역에서는 분리될 수 없는 자음 그룹으로 간주하여
'**a-tlas**'로 발음하기도 한다. 그러나 대부분의 스페인 지역에서는 두 자음을 나누어 발음한다.

3 s 직후에 자음이 오면 그 s는 앞의 음절에 붙는다.

obscuro 어두운 : **obs - cu - ro**　　　　**constante** 지속적인 : **cons - tan - te**

4 연속된 열린모음(a, e, o)은 분리된다. 또한 이중모음이라 하더라도 닫힌모음(i, u) 위에 강세 부호가 있으면 분리된다.

leer 읽다 : **le - er**　　　　　　　　**nao** 배 : **na - o**

tío 삼촌 : **tí - o**　　　　　　　　　**oído** 귀 : **o - í - do**

veo 보다 : **ve - o**　　　　　　　　　**teatro** 극장 : **te - a - tro**

aéreo 공기의 : **a - é - re - o**

5 접두어가 있는 단어는 접두어를 분리시킬 수도 있고, 음절분해 규칙을 따를 수도 있다.

bisabuelo　　　　　　증조부 : 　**bis - a - bue - lo**
　　　　　　　　　　　　　　　　　bi - sa - bue - lo

desagradable　　　　불유쾌한 : **des - a - gra - da - ble**
　　　　　　　　　　　　　　　　　de - sa - gra - da - ble

▶ **e** 또는 **i**와 함께 결합하는 복합철자 **gu**와 **qu**도 음절분해를 할 때 하나의 자음으로 취급하여 분리하지 않는다.

guerrero 전사 : **gue - rre - ro**　　　**guitarra** 기타리스트 : **gui - ta - rra**

quiosco 신문 판매대 : **quios - co**　　**cualquier** 그 어떤 : **cual - quier**

guiar 안내하다 : **guiar**

강세

스페인어에서 강세의 비중은 대단히 크다고 할 수 있다. 부정확한 강세는 전혀 다른 뜻의 말로 들려 이해하기 곤란하기 때문이다. 음절의 중심이 모음에 있는 것과 마찬가지로 강세의 위치도 항상 음절 중의 모음에 있으며, 이중모음인 경우는 열린모음에, 연속된 닫힌모음의 경우는 뒷모음에 강세가 오게 된다. 강세가 있는 곳은 강하고 길게 발음해야 한다.

1 강세 규칙

1 모음과 자음 n, s로 끝나는 단어는 끝에서 두 번째 음절의 모음에 강세가 놓인다.

casa 집

chimenea 굴뚝, 난로

jueves 목요일

ruido 소음

orden 질서

antiguo 오래된

2 n, s를 제외한 모든 자음으로 끝나는 단어는 맨 마지막 음절의 모음에 강세가 놓인다.

pared 벽

ciudad 도시

papel 종이

profesor 교수님

hablar 말하다

moral 도덕

3 위의 규칙적인 경우 이외에 불규칙하게 강세를 가지는 단어들은 암기할 수밖에 없다.

corazón 심장

árbol 나무

nación 나라

rubí 루비(보석)

huésped 하숙인

papá 아빠

▶ i 위에 불규칙하게 강세 부호가 올 때는 í로 표기해야 한다. 대문자의 경우에도 강세가 불규칙하게 올 경우 강세 표기를 해야 한다 : **África, BOGOTÁ, PERÚ, LÓPEZ**

관사

1 정관사와 부정관사

관사는 명사 앞에 나타나는 문법 범주로서 정관사와 부정관사로 구분된다. 일반적으로 정관사는 명사에 구체적인 내용이나 통칭적인 의미를 부여할 때 사용되고, 부정관사는 새로 도입되는 명사나 정해지지 않은 명사를 지칭할 때 사용된다.

정관사	성＼수	단수	복수
	남	el	los
	여	la	las

부정관사	성＼수	단수	복수
	남	un	unos
	여	una	unas

1 정관사와 부정관사는 명사의 성·수에 일치해야 한다.

el libro (그) 책　　　　　　　　　　　**los libros** (그) 책들

la casa (그) 집　　　　　　　　　　　**las casas** (그) 집들

un libro 한 권의 책, 어떤 책　　　　　**unos libros** 몇 권의 책들, 어떤 책들

una casa 한 채의 집, 어떤 집　　　　　**unas casas** 몇 채의 집들, 어떤 집들

2 a나 ha로 시작되는 단수 여성 명사의 경우 a나 ha에 강세가 있을 때 여성 관사 la / una 대신 남성 관사 el / un을 사용한다. 그 이유는 발음상의 혼동을 피하려는 것일 뿐이지 단어 자체가 남성이 되는 것은 아니다.

el agua 물　　　　　　　　　　　　　**las aguas** 물

el **águila** 독수리

el **hacha** 도끼

el **hambre** 배고픔

el **arma** 무기

el **arma nueva** 신무기

un **arma** 한 개의 무기

un **águila** 한 마리의 독수리

un **hacha** 한 개의 도끼

un **arma nueva** 한 개의 신무기

una **buena arma** 한 개의 좋은 무기

las **águilas** 독수리들

las **hachas** 도끼들

las **hambres** 배고픔

las **armas** 무기들

las **armas nuevas** 신무기들

unas **armas** 약간의 무기

unas **águilas** 몇 마리의 독수리

unas **hachas** 몇 자루의 도끼

unas **armas nuevas** 몇 개의 신무기

unas **buenas armas** 몇 개의 좋은 무기

명사의 성·수

1 명사의 성

스페인어의 모든 명사는 남성(masculino)과 여성(femenino)으로 구분된다. 이러한 성은 명사의
의미를 통해 성을 알 수 있는 자연적인 성과, 문법적으로 구분되는 문법적인 성이 있다.

1 자연적인 성

(1) -o로 끝나는 남성 명사의 여성형은 -o가 -a로 바뀐다.

(el) niño

(el) perro

(el) gato

(el) portero

(el) amigo

(el) novio

(la) niña 어린아이

(la) perra 개

(la) gata 고양이

(la) portera 문지기, 수위

(la) amiga 친구

(la) novia 애인

(2) 자음으로 끝나는 남성 명사의 여성형은 어미에 -a를 첨가한다.

(el) doctor	**(la) doctora** 박사, 의사
(el) español	**(la) española** 스페인 사람
(el) león	**(la) leona** 사자

▶ 자음으로 끝났더라도 **-a**를 붙여 여성형을 만들지 않고 불규칙한 변화를 하는 단어들이 있다.

(el) actor 남자 배우	**(la) actriz** 여자 배우
(el) emperador 황제	**(la) emperatriz** 황후
(el) rey 왕	**(la) reina** 왕비
(el) tigre 호랑이	**(la) tigresa** 암호랑이
(el) alcalde 시장	**(la) alcaldesa** 여시장
(el) conde 백작	**(la) condesa** 백작부인
(el) príncipe 황태자	**(la) princesa** 공주
(el) héroe 영웅	**(la) heroína** 여자 영웅

(3) 남성과 여성의 형태가 전혀 다른 명사들이 있다.

(el) hombre 남자	**(la) mujer** 여자
(el) padre 아버지	**(la) madre** 어머니
(el) papá 아빠	**(la) mamá** 엄마
(el) caballo 말(수컷)	**(la) yegua** 말(암컷)
(el) toro 황소	**(la) vaca** 암소
(el) macho 수컷(짐승)	**(la) hembra** 암컷(짐승)
(el) astro 스타(남자)	**(la) estrella** 스타(여자)
(el) carnero 숫양	**(la) oveja** 암양
(el) yerno 사위	**(la) nuera** 며느리

2 문법적인 성

2.1 남성

(1) -o로 끝나는 명사

(el) libro 책   **(el) oro** 금

(el) zapato 구두   **(el) río** 강

(el) diccionario 사전

(la) mano 손   **(la) foto** 사진   **(la) moto** 오토바이   **(la) radio** 라디오

(2) -or로 끝나는 명사

(el) amor 사랑   **(el) conductor** 운전수

(el) trabajador 일군

(3) 자음으로 끝나는 명사는 대부분 남성 명사이다. 그러나 -d, -l, -z로 끝나는 명사는 예외적으로 여성이 많다.

(el) mes 달, 월   **(el) camión** 트럭

(el) cristal 유리   **(el) lápiz** 연필

(el) examen 시험   **(el) campeón** 챔피온

(la) verdad 진실   **(la) piel** 가죽   **(la) sal** 소금   **(la) luz** 빛

(4) -ma로 끝나는 명사

(el) drama 드라마   **(el) diploma** 졸업증서

(el) cine**ma** 영화   (el) cli**ma** 기후

(el) idio**ma** 언어   (el) poe**ma** 시

(el) te**ma** 주제   (el) panora**ma** 전경

(el) proble**ma** 문제   (el) telegra**ma** 전보

(el) sínto**ma** 징후, 징조   (el) siste**ma** 조직

 예외

(la) pluma 펜   **(la) cama** 침대

2.2 여성

(1) -a로 끝나는 명사

(la) casa 집   **(la) mes**a 탁자

(la) silla 의자   **(la) pizarr**a 칠판

(la) rosa 장미   **(la) camis**a 셔츠

 예외

(el) mapa 지도   **(el) día** 날, 낮

(2) -ad, -ie, -umbre, -ción, -sión, -tión, -xión, -z, -sis 등으로 끝나는 명사

(la) amistad 우정   **(la) universid**ad 대학교

(la) superficie 표면   **(la) espec**ie 종류

(la) costumbre 습관   **(la) incertid**umbre 불안

(la) atención 주의, 관심   **(la) conversa**ción 대화, 회화

(la) ocasión 기회   **(la) compren**sión 이해

(la) cuestión 문제   **(la) cone**xión 연결, 관련

(la) **refle**xión 반사   (la) **nari**z 코

(la) **cru**z 십자가   (la) **pa**z 평화

(la) **te**sis 논문   (la) **cri**sis 위기

예외

2 명사의 수

1 복수형을 만드는 방법

(1) 자음으로 끝나는 명사는 어미에 -es를, 모음으로 끝나는 명사는 어미에 -s를 붙인다.

(el) **papel** 종이   (los) **papel**es 종이들

(la) **ciudad** 도시   (las) **ciudad**es 도시들

(la) **casa** 집   (las) **casa**s 집들

(el) **coche** 자동차   (los) **coche**s 자동차들

(la) **calle** 거리   (las) **calle**s 거리들

(el) **rey** 왕   (los) **rey**es 왕들

▶ 최근에 도입된 단어들로 **-y**로 끝나는 경우 **y**를 **i**로 바꾸고 **-s**를 붙여 복수형을 만든다.

(el) jersey 스웨터	**(los) jerséis** 스웨터들
(el) samuray 사무라이	**(los) samuráis** 사무라이들

(2) 자음으로 끝나는 명사의 경우, 그 자음이 -z라면 c로 바꾸고 -es를 붙이고, -c라면 qu로 바꾸고 -es
를 붙여 복수형을 만든다.

(la) luz 빛	**(las) luces** 빛들
(el) frac 연미복	**(los) fraques** 연미복들

(3) 모음으로 끝나는 명사의 경우, 그 모음 위에 불규칙하게 강세 부호가 찍혀 있으면 -es를 붙인다.

(el) bambú 대나무	**(los) bambúes** 대나무들
(el) rubí 루비	**(los) rubíes** 루비들

예외		
	(el) papá 아빠	**(los) papás** 아빠들
	(la) mamá 엄마	**(las) mamás** 엄마들
	(el) menú 메뉴	**(los) menús** 메뉴들
	(el) café 커피	**(los) cafés** 커피들
	(el) esquí 스키	**(los) esquís** 스키들

(4) 단수 명사가 복수가 되면서 강세 부호가 삭제되는 단어가 있고, 반대로 복수가 되면서 본래의 강세
위치에 강세 부호를 찍어야 하는 단어가 있다.

(la) estación 정거장	**(las) estaciones** 정거장들
(la) nación 국가	**(las) naciones** 국가들
(el) joven 젊은이	**(los) jóvenes** 젊은이들

(el) **examen** 시험	(los) **exámenes** 시험들
(el) **orden** 명령	(los) **órdenes** 명령들
(el) **árbol** 나무	(los) **árboles** 나무들
(el) **autobús** 버스	(los) **autobuses** 버스들
(el) **francés** 프랑스 사람	(los) **franceses** 프랑스 사람들

예외

단수 명사가 복수가 되면서 단수 때의 강세 위치가 다음 음절로 옮겨가는 단어가 있다.

| (el) **régimen** 제도, 체제 | (los) **regímenes** 제도들, 체제들 |
| (el) **carácter** 성격, 문자 | (los) **caracteres** 성격들, 문자들 |

1 다음 단어들을 정확히 읽어보시오.

barco	beso	biblia	bobo	burla
casa	colegio	clima	actor	accidente
cero	cine	chao	cheque	chico
chorizo	churro	dado	dedo	dinero
dolor	duda	familia	fe	fin
foto	fuego	gato	gorila	agua
digno	gritar	gente	gigante	guerra
guitarra	vergüenza	lingüística	harina	helado
hijo	hoy	humor	jamón	jerez
jirafa	joven	juego	kilogramo	kilómetro
lámpara	lejos	libro	loco	luna
llave	calle	allí	caballo	lluvia
mamá	mente	mismo	moda	mucho
nariz	negro	nieve	noche	nuevo
blanco	sangre	granja	tanque	España
año	niño	pañuelo	palabra	pero
piano	pobre	pulso	ataque	queso
quizás	máquina	aquí	cara	caro
brazo	crema	drama	fresa	grande
prado	traje	razón	regla	rico
rosa	rumor	honra	alrededor	Israel
perro	carro	torre	sábado	serio
sí	sobre	casi	suelo	tango
techo	tigre	todo	turismo	vaca
verde	vida	voz	whisky	wagneriano
examen	boxeo	excelente	xenofobia	xilófono

extranjero	extraño	México	Texas	ya
ayer	yo	ayuda	ley	zapato
zorro	zumo			

2 〈보기〉와 같이 다음 단어들을 음절분해 하시오.

<table>
<tr><td>보기</td><td>cabeza ▶ ca - be - za</td></tr>
</table>

1 manera	2 otro
3 ocho	4 madre
5 perro	6 calle
7 arma	8 siempre
9 canción	10 excelente
11 complicado	12 nao
13 constante	14 obscuro
15 leer	16 tío
17 examen	18 teatro
19 bisabuelo	20 desagradable
21 guerrero	22 guitarra
23 quiosco	24 cualquier

3 〈보기〉와 같이 다음 단어들의 강세 위치를 밝히시오.

<table>
<tr><td>보기</td><td>manera ▶ manera</td></tr>
</table>

1 casa

2 ruido

3 chimenea

4 orden

5 jueves

6 antiguo

7 pared

8 profesor

9 ciudad

10 hablar

11 papel

12 moral

4 〈보기〉와 같이 빈칸에 알맞은 정관사와 부정관사를 넣으시오.

<table>
<tr><td>보기</td><td>el / un libro</td></tr>
</table>

1 _______ / _______ oro

2 _______ / _______ zapato

3 _______ / _______ agua

4 _______ / _______ águilas

5 _______ / _______ foto

6 _______ / _______ amor

7 _______ / _______ toro

8 _______ / _______ camión

9 _______ / _______ mano

10 _______ / _______ mes

11 _______ / _______ hacha

12 _______ / _______ moto

13 _______ / _______ cristal

14 _______ / _______ lápiz

15 _______ / _______ hachas

16 _______ / _______ clima

17 _________ / _________ diploma

18 _________ / _________ sistema

19 _________ / _________ crisis

20 _________ / _________ luz

21 _________ / _________ verdad

22 _________ / _________ hambre

23 _________ / _________ emperatriz

24 _________ / _________ piel

25 _________ / _________ pluma

26 _________ / _________ cama

27 _________ / _________ examen

28 _________ / _________ mapa

29 _________ / _________ día

30 _________ / _________ amistad

31 _________ / _________ costumbre

32 _________ / _________ nariz

33 _________ / _________ conversación

34 _________ / _________ cruz

35 _________ / _________ arroz

5 다음 단어들의 복수형을 쓰시오.

1 papel ▶

2 ciudad ▶

3 rey ▶

4 jersey ▶

5 luz ▶

6 frac ▶

7 bambú ▶

8 rubí ▶

9 mamá ▶

10 menú ▶

11 café ▶

12 esquí ▶

13 estación ▶

14 nación ▶

15 joven ▶

16 examen ▶

17 orden ▶

18 árbol ▶

19 autobús ▶

20 francés ▶

21 régimen ▶

22 lunes ▶

23 carácter ▶

24 inglés ▶

양승관의 **기초 스페인어**

01

¡Hola! Buenos días.

안녕하세요.

학습 내용

인사 표현

문법 사항

인칭 대명사 주격

동사 ser와 estar

¡Hola! Buenos días.

Diálogo 1

María **¡Hola! Buenos días.**
안녕!

Carlos **¡Hola! Buenos días.**
안녕!

María **¿Eres Carlos?**
네가 까를로스니?

Carlos **Sí, soy Carlos.**
그래, 나는 까를로스야.

María **Yo soy María. Encantada.**
나는 마리아야. 만나서 반가워.

Carlos **Mucho gusto.**
만나서 반가워.

Diálogo 2

Carlos **¡Hola, Ana! Buenas tardes.**
안녕! 아나.

Ana **¡Hola, Carlos! Buenas tardes.**
안녕! 까를로스.

Carlos **¿Qué tal?**
어떻게 지내?

Ana **Bien, gracias. Y tú, ¿cómo estás?**
좋아, 고마워. 너는 어떻게 지내니?

Carlos **Bien también, gracias.**
나 역시 좋아, 고마워.

Ana **¡Hasta luego!**
나중에 보자.

Carlos **Adiós. ¡Hasta pronto!**
안녕. 나중에 보자.

단어 및 표현 정리

¡hola! 안녕!(만났을 때의 인사) (스페인어에서 감탄부호는 감탄문의 앞뒤에 사용해야 하며 앞에 붙는 감탄부호는 거꾸로 쓴다.) ❙ **bueno / a** 좋은 ❙ **día** 일, 낮, 주간 ¡Buenos días! 안녕하세요.(아침 인사로 점심식사가 시작되는 2시경까지 사용한다.) ❙ **tarde** 오후 ¡Buenas tardes! 안녕하세요.(오후 인사로 오후 2시부터 저녁 8~9시경까지 사용한다.) cf. noche 밤, 저녁 ¡Buenas noches! 안녕하세요. 안녕히 주무세요.(저녁 인사로 저녁 9시 이후에 사용한다.) ❙ **eres** ser(~이다) 동사의 직설법 현재 2인칭 단수 ❙ **sí** 네 ❙ **soy** ser(~이다) 동사의 직설법 현재 1인칭 단수 ❙ **encantado / a** 매혹적인 Encantado / a. 만나서 반가워요.(남성인 경우 Encantado, 여성인 경우 Encantada를 사용한다) ❙ **mucho / a** 많은, 많이 ❙ **gusto** 기쁨 Mucho gusto. 만나서 반가워요. ❙ **qué** 무슨, 어떤(의문 형용사), 무엇, 무슨 일(의문 대명사) ❙ **tal** 그런 것, 그런 짓(대명사), 그렇게, 그런 식으로(부사) ¿Qué tal? 어떻게 지내?(스페인어에서 의문부호는 의문문의 앞뒤에 사용해야 하며 앞에 붙는 의문부호는 거꾸로 쓴다.) ❙ **bien** 잘, 훌륭하게 cf. mal 나쁘게. así, así 그저 그래. ❙ **gracias** 고마워, 감사합니다. ❙ **y** 그리고(접속사) ❙ **tú** 너 ❙ **cómo** 어떻게(의문 부사) ❙ **estás** estar(~ 상태에 있다) 동사의 직설법 현재 2인칭 단수 ❙ **estoy** estar(~ 상태에 있다) 동사의 직설법 현재 1인칭 단수 ❙ **también** 또한, ~ 도 역시 ❙ **hasta** ~ 까지 ❙ **luego** 곧, 바로, 그 후 Hasta luego. 나중에 만나자. cf. Hasta mañana 내일 보자. ❙ **adiós** 안녕(헤어질 때의 인사) cf. chao 안녕. ❙ **pronto** 바로, 곧 Hasta pronto. 곧 만나자.

¡Hola! Buenos días.

1 인칭 대명사 주격

인칭 　　　 수	단수	복수
1	**Yo** 나	**Nosotros / as** 우리들
2	**Tú** 너	**Vosotros / as** 너희들
3	**Él** 그 남자 **Ella** 그녀 **Usted** 당신	**Ellos** 그들 **Ellas** 그녀들 **Ustedes** 당신들

1 인칭 대명사

인칭 대명사란 화자, 청자 또는 그 이외의 사람이나 사물의 이름을 대신하는 대명사를 말한다. 인칭 대명사 주격은 문장의 주어 역할을 한다. 인칭 대명사 usted은 의미상 2인칭이지만 문법상으로는 3인칭으로 간주된다. 따라서 usted의 동사 변화형은 3인칭을 사용한다. Usted / Ustedes는 약자를 사용하기도 한다. Usted은 약자로 Ud.과 Vd.을 사용하고, Ustedes는 약자로 Uds.와 Vds.를 사용한다. 약자에는 항상 마침표를 찍는다. "우리들"과 "너희들"의 구성원이 모두 여성이면 nosotras, vosotras로 사용한다.

2 tú와 usted의 사용

인칭 대명사 tú는 친구, 가족, 잘 알고 있는 사이 또는 비공식적인 경우에 사용한다. 반면 usted은 공식적인 자리, 존중, 예의를 표해야 하는 경우 또는 상대방을 잘 모르는 경우에 사용한다. 여기서 말하는 존중이나 예의는 나이나 신분의 고하에 따른 것이 아니라 자신과의 친밀감이나 애정의 정도 차이를 말하는 것이다. 따라서 우리나라 사람들이 생각하는 존댓말·반말과는

다르다. 부모와 자식 간이라 하더라도 가족이라는 친밀감이 크므로 서로 *tú*를 사용한다. 즉, 스페인어 사용 지역에서는 서로 친밀하고 깊이 결속되어 있다고 느끼면 지위에 관계없이 *tú*의 사용이 일반적이라 할 수 있다.

도우미	아르헨티나, 파라과이, 우루과이 등의 지역에서는 **tú** 대신 **vos**를 사용하곤 한다. 또한 중남미 국가들과 미국에서는 대체로 **vosotros**를 사용하지 않는다. 따라서 **tú, usted, vosotros**의 복수형으로 **ustedes**를 사용한다.

2 동사 ser와 estar

1 동사 ser의 직설법 현재형

인칭 　　　 수	단수		복수	
1	Yo	soy	Nosotros	somos
2	Tú	eres	Vosotros	sois
3	Él Ella Usted	es	Ellos Ellas Ustedes	son

도우미	직설법이란 단순히 있는 사실을 객관적으로 서술하는 법을 말한다. 이외에도 스페인어에는 접속법과 명령법이 있다(12 ～ 13과 참조).

(1) 동사 ser는 주어의 본질을 나타내는 명사나 형용사를 주어와 연결시키는 기능을 한다. 따라서 주어의 신분이나 직업을 말할 때 사용된다(나는 ~ 입니다). 인칭 대명사 주격은 동사를 통해 알 수 있는 1, 2인칭의 경우 생략하는 것이 일반적이다.

¿Eres (tú) Carlos? 너는 까를로스니?　　　**Sí, (yo) soy Carlos.** 그래, 나는 까를로스야.

Ella es María. 그녀는 마리아입니다.　　　**Ana es estudiante.** 아나는 학생입니다.

¿Es usted profesor? 당신은 교수 / 선생님입니까?　　　**Sí, soy profesor.** 네, 나는 교수 / 선생님입니다.

평서문의 경우 대개 "주어 + 동사 + 보어"의 어순이다. 의문사가 사용되지 않는 의문문을 만들려면 주어와 동사의 어순을 바꾸어놓거나 어순을 바꾸지 않은 평서문의 어순으로 문장의 뒷부분을 올려 읽으면 의문문이 된다. 의문사가 사용된 의문문의 경우 "의문사 + 동사 + 주어"의 어순이다,

¿Usted es médico? 당신은 의사입니까?　　　**Sí, soy médico.** 네, 나는 의사입니다.

¿Qué tal (estás tú)? 어떻게 지내니?

(2) 동사 ser의 보어로 사용된 명사나 형용사는 주어의 성·수에 일치해야 한다.

Juan es alumno. 후안은 학생이다.　　　**Ellas son alumnas.** 그녀들은 학생들이다.

Él es guapo. 그는 잘생겼다.　　　**María es bonita.** 마리아는 예쁘다.

Ellas son bonitas. 그녀들은 예쁘다.　　　**Nosotros somos estudiantes.** 우리들은 학생들이다.

형용사가 명사를 직접 수식할 때도 명사의 성·수에 일치해야 한다(3과 참조).

Buenos días. 안녕하세요.　　　**Buenas tardes.** 안녕하세요.

2 동사 estar의 직설법 현재형

인칭　　　　수	단수		복수	
1	Yo	estoy	Nosotros	estamos
2	Tú	estás	Vosotros	estáis
3	Él Ella Usted	está	Ellos Ellas Ustedes	están

(1) 주어의 상태를 나타낸다. 따라서 안부를 묻는 인사를 할 때 사용된다.

¡Hola, Carlos! ¿Cómo estás? 안녕! 까를로스. 어떻게 지내니?

Estoy muy bien, gracias, ¿y tú? 아주 잘 지내, 고마워, 너는 어때?

Yo también muy bien. 나 역시 아주 잘 지내.

(2) 위치를 표현할 때 '~에 있다'라는 의미로 사용된다.

Estoy en casa. 나는 집에 있다.　　　　**Estamos aquí.** 우리들은 여기에 있습니다.

Estamos en primavera. 지금은 봄입니다.

(3) 동사 estar의 보어로 형용사나 부사가 올 수 있는데, 형용사는 주어의 성·수에 일치해야 한다.

¿Cómo están ellas? 그녀들은 어떻습니까?'　　**Están contentas.** 그녀들은 만족합니다.

¿Cómo está Juan? 후안은 어떻게 지냅니까?　　**Él está enfermo.** 그는 아파요.

¿Cómo estáis? 너희들은 어떠니?　　**Estamos felices.** 우리들은 행복해요.

¡Hola! Buenos días.

1 〈보기〉와 같이 ser 동사를 사용하여 다음 문장들의 괄호 안을 채우시오.

보기	Carmen (es) estudiante.

1 Yo (　　　) Minsu.
2 Tú (　　　) guapo.
3 Ella (　　　) bonita.
4 Juan (　　　) médico.
5 Él (　　　) Carlos.
6 Usted (　　　) profesor.
7 Nosotros (　　　) estudiantes.
8 María y Ana (　　　) alumnas.
9 Ellas (　　　) guapas.
10 Él y tú (　　　) alumnos.

2 〈보기〉와 같이 estar 동사를 사용하여 다음 문장들의 괄호 안을 채우시오.

보기	Carlos (está) bien.

1 Yo (　　　) bien.
2 Tú (　　　) aquí.
3 Él (　　　) enfermo.
4 Vosotros (　　　) muy bien.

5 Ana (　　　) en casa.

6 Tú y yo (　　　) mal.

7 Ellas (　　　) contentas.

8 Ustedes (　　　) muy mal.

9 Él y tú (　　　) muy bien.

10 Ellos (　　　) muy enfermos.

3 다음 A와 B를 바르게 연결해보시오.

A

1 ¿Cómo estás?

2 ¡Hola, Carlos!

3 Hasta luego.

4 Mucho gusto.

5 ¿Eres tú Carlos?

B

i Encantado.

ii Sí, soy Carlos.

iii ¡Hola, Ana!

iv Adiós. Hasta pronto.

v Bien, gracias. ¿Y tú?

4 다음의 대화를 스페인어로 작문해보시오.

A : 안녕, 아나!

B : 안녕, 민수!

A : 어떻게 지내니?

B : 나는 잘 지내. 고마워. 너는 어떠니?

A : 나도 잘 지내. 다음에 보자.

B : 안녕. 다음에 보자.

양승관의 **기초 스페인어**

02

Soy de España.

저는 스페인 출신입니다.

학습 내용

이름과 출신 표현

문법 사항

소유 형용사

국명 및 국명 형용사

ser de 용법

제1변화 규칙 동사의 직설법 현재 (동사 hablar와 llamarse)

Soy de España.

Minsu **¿Cómo te llamas?**
너는 이름이 무엇이니?

María **Me llamo María. ¿Cuál es tu nombre?**
나는 마리아야. 너의 이름은 뭐니?

Minsu **Mi nombre es Minsu. ¿Eres estudiante?**
내 이름은 민수야. 너는 학생이니?

María **Sí, soy estudiante. ¿Y tú?**
그래, (나는) 학생이야. 너는?

Minsu **Yo también. ¿Eres de México?**
나 역시 학생이야. 너 멕시코 출신이니?

María **No, no soy de México. Soy de España.**
아니, 나는 멕시코 출신이 아니야. 스페인 출신이야.

Y tú, ¿de dónde eres?
그런데 너는 어디 출신이니?

Minsu **Soy coreano, de Seúl.**
나는 한국 사람이고, 서울 출신이야.

María **Hablas bien español.**
너 스페인어를 잘하는구나.

Minsu **Sí, pero sólo un poco.**
그래, 하지만 단지 조금 할 줄 알아.

María	**Encantada.** 만나서 반가워.
Minsu	**Mucho gusto.** 만나서 반가워.

단어 및 표현 정리

te 너 자신을(재귀 대명사)   **llamas** llamar(부르다) 동사의 직설법 현재 2인칭 단수, ¿Cómo te llamas? 너는 이름이 뭐니? **| me** 나 자신을(재귀 대명사) **| llamo** llamar(부르다) 동사의 직설법 현재 1인칭 단수 Me llamo María. 나는 마리아라고 해. 내 이름은 마리아야. **| cuál** 어느 것(선택을 나타내는 의문 대명사) **| tu** 너의(소유 형용사) **| nombre** 이름 ¿Cuál es tu nombre? 너의 이름은 무엇이니? 스페인어에서 cuál은 '어느 것'이라는 선택을 나타내는 의문 대명사이지만 한국어로는 '무엇'으로 해석하는 것이 적당하다. **| mi** 나의 Mi nombre es Minsu. 나의 이름은 민수야. **| estudiante** 학생(= alumno / a) **| de** ~ 의, ~ 로 부터 ¿Eres de México? 너는 멕시코 출신이니? **| no** 아니오, ~ 아니다 **| soy de** 나는 ~ 출신이다. Soy de España. 나는 스페인 출신이야. **| dónde** 어디(에)(의문부사) ¿De dónde eres? 너는 어디 출신이니? **| coreano** 한국어, 한국 사람, 한국의 **| Seúl** 서울 **| hablas** hablar(말하다) 동사의 직설법 현재 2인칭 단수 **| español** 스페인어, 스페인 사람, 스페인의 Hablas bien español. 너 스페인어를 잘하는구나. **| pero** 그러나 **| sólo** 단지, 오직 **| un poco** 약간, 조금

Soy de España.

1 소유 형용사

소유 형용사는 명사의 앞에 오는 전치형과 뒤에 오는 후치형(부록 참조)이 있다. 본 과에서는 전치형만을 보기로 한다. 소유 형용사는 수식하는 명사의 성·수에 일치해야 한다. 어미가 '-o'로 끝난 소유 형용사(nuestro, vuestro)는 명사의 성·수에 일치해야 하고, 그 이외의 소유 형용사는 수에만 일치한다.

	단수	복수
소유 형용사의 전치형	**mi(s)** 나의	**nuestro(s) / -a(s)** 우리들의
	tu(s) 너의	**vuestro(s) / -a(s)** 너희들의
	su(s) 그의, 그녀의, 당신의, 그들의, 그녀들의, 당신들의	**su(s)** 그의, 그녀의, 당신의, 그들의, 그녀들의, 당신들의

mi libro 내 책

tu casa 너의 집

nuestro coche 우리들의 차

vuestra casa 너희들의 집

su coche 그 / 그들 / 그녀 / 그녀들 / 당신 / 당신들의 차

sus coches 그 / 그들 / 그녀 / 그녀들 / 당신 / 당신들의 차들

¿Es tu casa? 너의 집이니?

¿Son sus libros? 당신의 책들입니까?

Mis padres están en casa. 나의 부모님은 집에 계십니다.

mis libros 내 책들

tus casas 너의 집들

nuestros coches 우리들의 차들

vuestras casas 너희들의 집들

Sí, es mi casa. 그래, 나의 집이야.

Sí, son mis libros. 네, 나의 책들입니다.

<table>
<tr><td rowspan="3">도우미</td><td>3인칭 su와 sus는 6가지 의미를 가질 수 있는데 의미를 명확히 하려면 전치사 de를 사용하여 표현한다. 이때 소유 형용사의 전치형 대신 정관사를 사용한다.

su coche = el coche de él / ellos / ella / ellas / Ud. / Uds.
sus coches = los coches de él / ellos / ella / ellas / Ud./ Uds.</td></tr>
</table>

2 국명 및 국명 형용사

	국가명	형용사(남성형)	형용사(여성형)
칠레	Chile	chileno	chilena
중국	China	chino	china
콜롬비아	Colombia	colombiano	colombiana
한국	Corea	coreano	coreana
쿠바	Cuba	cubano	cubana
스페인	España	español	española
미국	(los) Estados Unidos	estadounidense	estadounidense
프랑스	Francia	francés	francesa
영국	Inglaterra	inglés	inglesa
일본	Japón	japonés	japonesa
멕시코	México	mexicano	mexicana

▶ 부록 참조

1 국명 형용사는 "어느 나라의"라는 뜻을 가지며, 또한 명사로도 쓰여 "어느 나라 사람" 또는 "어느 나라 말"을 뜻한다. 언어명은 항상 남성 단수이고, 대체로 정관사와 함께 사용된다.

Yo soy profesor coreano. 나는 한국인 선생님입니다.

Yo soy coreano. 나는 한국인입니다.

El coreano es difícil. 한국어는 어렵다.

María habla coreano. 마리아는 한국어를 말할 줄 압니다.

2 국명 형용사와 명사는 남성과 여성의 구분이 있으며, 주어 명사의 성·수에 일치해야 한다.

Él es español. 그 남자는 스페인 사람입니다.

María es española. 마리아는 스페인 사람입니다.

Minsu es coreano. 민수는 한국인입니다.

Ellas son coreanas. 그녀들은 한국인입니다.

3 ser de 용법

1 주어의 출신을 표현한다.

¿De dónde eres? 너는 어느 나라 출신이니?

Soy de Corea. 나는 한국 출신이야.

¿Eres de Inglaterra? 너는 영국 출신이니?

Sí, soy inglés, de Londres. 네, 저는 영국인이고 런던 출신입니다.

¿De dónde es el televisor? 그 텔레비전은 어느 나라 제품입니까?

Es de Corea. 한국산입니다.

2 주어의 소유를 표현한다.

¿De quién es el diccionario? 그 사전은 누구 것입니까?

El diccionario es de Juan. 그 사전은 후안의 것입니다.

¿De quién es la pluma? 그 펜은 누구 것입니까?

La pluma es de Carmen. 그 펜은 까르멘의 것입니다.

3 사물의 재료를 표현한다.

¿De qué es la mesa? 그 탁자는 무엇으로 만든 것입니까?

La mesa es de madera. 그 탁자는 나무로 만든 것입니다.

¿De qué es el reloj? 그 시계는 무엇으로 만든 것입니까?

Es de oro. 금으로 만든 것입니다.

▶ ser 동사는 "열리다, 거행되다, 개최되다"라는 의미를 가질 수 있다.

¿Dónde es la reunión? 회담이 어디에서 열립니까?

La reunión es en el aula 3. 회담은 3호 강의실에서 열립니다.

¿Cuándo es el partido? 경기는 언제 열립니까?

El partido es el sábado. 경기는 토요일에 열립니다.

4 제1변화 규칙 동사의 직설법 현재

어미가 '–ar'로 끝나면서 도표에서와 같이 규칙적으로 어미가 변화하는 동사들을 제1변화 규칙 동사라 한다.

1 hablar(말하다)의 직설법 현재형

인칭 \ 수	단수	복수
1	habl**o**	habl**amos**
2	habl**as**	habl**áis**
3	habl**a**	habl**an**

Nosotros hablamos inglés y coreano. 우리들은 영어와 한국어를 말합니다.

¿Hablas tú español? 너는 스페인어를 할 줄 아니?

No, no hablo español. 아니, 스페인어를 할 줄 모른다.

부정문은 긍정문의 동사 앞에 부정어 **no**를 놓으면 된다.

다음의 동사들은 hablar와 같은 어미 변화를 하는 제1변화 규칙 동사들이다.

cantar 노래하다	**comprar** (물건을) 사다	**preguntar** 질문하다
contestar 대답하다	**estudiar** 공부하다	**llamar** 부르다, 호출하다
bajar 내려가다	**buscar** 찾다	**entrar** 들어가다
enseñar 가르치다	**llegar** 도착하다	**llevar** 가져가다
mirar 보다	**practicar** 연습하다	**tocar** 만지다
tomar 쥐다, 잡다	**saludar** 인사하다	

2 llamar(se)(부르다)의 직설법 현재형

인칭 / 수	단수	복수
1	me llam**o**	nos llam**amos**
2	te llam**as**	os llam**áis**
3	se llam**a**	se llam**an**

동사 llamar(부르다)는 재귀 대명사 se(me 나 자신을 / 에게, te 너 자신을 / 에게, se 그 남자, 그녀, 당신 자신을 / 에게, nos 우리 자신을 / 에게, os 너희들 자신을 / 에게, se 그 남자들, 그 여자들, 당신들 자신을 / 에게)와 함께 재귀 동사를 구성한다(9과 참조). "Llamarse + 이름 명사"는 "자기 자신을 ~ 라고 부르다"라는 표현, 즉 이름을 말할 때 사용한다.

¿Cómo te llamas? 너는 이름이 뭐니?(너는 너를 뭐라고 부르니?)
Me llamo Juan. 나는 후안이라고 해.
¿Cómo se llama usted? 당신은 이름이 무엇입니까?
Me llamo Teresa. 나는 떼레사입니다.

▶ 이름을 묻고 대답할 때 다음과 같은 표현도 사용할 수 있다.
¿Cuál es tu nombre? 너의 이름은 무엇이니?
Mi nombre es Elena. 나의 이름은 엘레나야.

Soy de España.

1 〈보기〉와 같이 다음 문장들에 대답해보시오.

보기	¿De dónde es María? / España.	<u>María es de España.</u> Es española.

1 ¿De dónde eres? / Corea.

2 ¿De dónde son ellos? / China.

3 ¿De dónde es Luis? / México.

4 ¿De dónde son ustedes? / Cuba.

5 ¿De dónde es usted? / Chile.

6 ¿De dónde sois? / Francia.

7 ¿De dónde es Ana? / Inglaterra.

8 ¿De dónde son ellas? / Japón.

2 〈보기〉와 같이 소유 형용사를 사용하여 괄호 안을 채우시오.

보기	나의 책 (mi) libro	나의 책들 (mis) libros

1 너의 차　　　(　　) coche　　　　너의 차들　　　(　　) coches

2 그의 책　　　(　　) libro　　　　그의 책들　　　(　　) libros

3 우리들의 집　(　　) casa　　　　우리들의 집들　(　　) casas

4 너희들의 펜　(　　) pluma　　　너희들의 펜들　(　　) plumas

5 그의 시계　　(　　) reloj　　　　그의 시계들　　(　　) relojes

6 너희들의 사전 (　　) diccionario　너희들의 사전들 (　　) diccionarios

3 괄호 안의 동사를 직설법 현재 시제로 알맞게 변화시키시오.

1 ¿De dónde __________ (ser) tú?

2 Ellos __________ (ser) de España.

3 Nosotros __________ (hablar) español.

4 Vosotros __________ (hablar) inglés y coreano.

5 ¿Cómo te __________ (llamar)?

6 Me __________ (llamar) Juan.

7 ¿Cómo se __________ (llamar) usted?

8 Me __________ (llamar) Teresa.

4 다음 A와 B를 바르게 연결해보시오.

A

1 ¿Eres de México?

2 ¿Eres coreano?

3 ¿Cómo se llama él?

4 ¿De dónde eres?

5 ¿Cuál es tu nombre?

B

i Mi nombre es Elena.

ii Soy español, de Madrid.

iii Sí, soy coreano.

iv Se llama Juan.

v No, no soy de México.

5 다음의 대화를 스페인어로 작문해보시오.

A : 안녕! 내 이름은 마리아야. 너는 이름이 뭐니?

B : 나는 민수야. 너 학생이니?

A : 그래, 나는 학생이야. 너는?

B : 나 역시 학생이야. 너 멕시코 출신이니?

A : 아니, 나는 멕시코 출신이 아니야. 스페인 출신이야. 너는?

B : 나는 한국 사람이고, 서울 출신이야.

A : 만나서 반가워.

B : 만나서 반가워.

양승관의 **기초 스페인어**

03

Soy estudiante de español.
저는 스페인어를 배우는 학생입니다.

학습 내용

신분과 직업 관련 표현

문법 사항

정관사 용법
제2변화 규칙 동사의 직설법 현재
품질 형용사
지시 형용사

Soy estudiante de español.

Carmen **¿Quién eres?**
너는 누구니?

Juan **Soy Juan. ¿Y tú?**
나는 후안이야. 너는?

Carmen **Yo soy Carmen.**
나는 까르멘이야.

Juan **Y esta chica, ¿quién es?**
그리고 이 소녀는 누구니?

Carmen **Es Ana. Es mi amiga.**
아나야. 내 친구야.

Juan **¿Qué eres?**
너는 뭐하니?

Carmen **Soy estudiante. Aprendo español en este curso. ¿Y tú?**
나는 학생이야. 이 과정에서 스페인어를 배워. 너는?

Juan **Yo también soy estudiante de español. ¿Y qué es Ana?**
나 역시 스페인어를 배우는 학생이야. 그리고 아나는 뭐하니?

Carmen **Es secretaria de la universidad.**
대학교의 비서야.

Juan **Entonces, ¿quién es nuestro profesor?**
그런데 누가 우리의 선생님이니?

| Carmen | **El señor Martínez es nuestro profesor.** |

마르띠네스 씨가 우리의 선생님이야.

| Juan | **¿Cómo es el señor Martínez?** |

마르띠네스 씨는 어떠니?

| Carmen | **Es bajo, un poco gordo y muy simpático.** |

키가 작고 약간 뚱뚱하고 매우 친절하셔.

| Juan | **¿Es español o sudamericano?** |

스페인 사람이니, 중남미 사람이니?

| Carmen | **Es español, de Madrid.** |

스페인 사람이고 마드리드 출신이셔.

단어 및 표현 정리

quién 누구(의문 대명사) ¿Quién eres tú? 너는 누구니? **| esta** 이(지시 형용사 여성 단수형) **| chica** 소녀 cf. chico 소년, esta chica 이 소녀 **| amiga** (여자) 친구 cf. amigo 남자 친구 **| ¿Qué eres?** 너는 뭐하니? 직업이 무엇이니? Soy estudiante de español 나는 스페인어를 배우는 학생이야. **| aprendo** aprender(배우다) 동사의 직설법 현재 1인칭 단수 Aprendo español. 나는 스페인어를 배운다. **| en** ～ 에(서) **| este** 이(지시 형용사 남성 단수형) **| curso** 과정, 코스 en este curso 이 과정에서 **| secretaria** 비서 **| la** 정관사(여성 단수형) **| universidad** 대학 **| nuestro / a** 우리의(소유 형용사) **| el** 정관사(남성 단수형) **| señor** 씨(Mr.), (일반적인 경어로) 사람, 분 cf. señora 부인, señorita 아가씨(Miss)(Sr.는 señor의 약자이다. señora '부인'의 약자는 Sra.이고, señorita '아가씨'의 약자는 Srta.이다.) **| ¿Cómo es?** 어떻게 생겼니? ¿Cómo es el señor Martínez? 마르띠네스 씨는 어떻게 생겼니? **| bajo / a** 키가 작은 **| poco** 조금의, 조금, un poco 약간, 조금 **| gordo / a** 뚱뚱한 **| simpático / a** 친절한 **| o** 또는 **| sudamericano** 중남미 사람

Soy estudiante de español.

1 정관사 용법

1 화자와 청자 간에 이미 알고 있는 명사를 나타낼 때, 또는 일반적인 의미로 전체를 나타낼 때 사용한다.

el libro 그 책   **la casa** 그 집

El hombre es mortal. 인간은 죽는 법이다.

2 타이틀에 정관사를 사용한다. 그러나 호칭으로 쓰일 때는 관사를 생략해야 한다.

El Sr. Martínez es bueno. 마르띠네스 씨는 착한 사람입니다.

¡Buenos días! Sr. Martínez. 안녕하세요! 마르띠네스 씨.

3 언어 명칭에 정관사를 사용한다. 그러나 전치사 de가 언어 명칭과 함께 사용될 때 관사를 생략한다.

El español es fácil. 스페인어는 쉽다.

el libro de español 스페인어 책

el Departamento de Español 스페인어 과

Mario es profesor de inglés. 마리오는 영어를 가르치는 선생님이다.

Somos estudiantes de español. 우리들은 스페인어를 배우는 학생들이다.

또한 언어 명칭이 습득하는 의미를 가진 hablar, aprender, estudiar 등의 동사 다음에 바로 오면 관사를 생략한다. 그러나 그 사이에 부사가 있으면 관사를 사용하는 것이 일반적이다.

Juan habla español. 후안은 스페인어를 할 줄 압니다.

Juan habla muy bien el español. 후안은 스페인어를 아주 잘 말할 줄 압니다.

4 "전치사 + 명사"로 형용사구나 부사구를 형성할 때 관사가 생략되는데, 보통은 하나의 단어
처럼 굳어진 관용화된 표현이다.

el café con leche 밀크커피   **la tienda de ropa** 옷가게

el teatro para niños 어린이용 연극

5 동사 ser 다음에 신분, 직업, 국적 등을 나타내는 명사에는 관사를 쓰지 않는다.

¿Es médico Carlos? 까를로스는 의사입니까?   **Sí, él es médico.** 네, 그는 의사입니다.

¿Es Ud. coreano? 당신은 한국인입니까?   **Sí, soy coreano.** 예, 한국인입니다.

María es colombiana. 마리아는 콜롬비아 사람입니다.   **Elena es enfermera.** 엘레나는 간호원입니다.

2 제2변화 규칙 동사의 직설법 현재

어미가 '-er'로 끝나면서 규칙적으로 어미가 변화하는 동사들을 제2변화 규칙 동사라 한다.

aprender(배우다)의 직설법 현재형	인칭	수	단수	복수
	1		aprend**o**	aprend**emos**
	2		aprend**es**	aprend**éis**
	3		aprend**e**	aprend**en**

¿Qué aprendéis? 너희들은 무엇을 배우니?

Aprendemos español. 우리들은 스페인어를 배웁니다.

다음의 동사들은 aprender 동사와 같은 어미 변화를 하는 제2변화 규칙 동사들이다.

comer 먹다

vender 팔다

creer 믿다

beber 마시다

correr 뛰다

leer 읽다

3 품질 형용사

형용사에는 품질 형용사와 한정 형용사가 있다. 여기서는 품질 형용사에 대해 보기로 한다.
품질 형용사는 대체로 명사의 뒤에 놓여 그 명사의 성질이나 상태를 제한해준다. 형용사는
명사를 직접 수식하거나 보어로 쓰일 경우, 그 명사의 성·수에 일치해야 한다.

1 어미가 '-o' 로 끝나는 형용사는 명사의 성·수에 일치하며, '-o' 이외의 문자로 끝나는 형용사
는 수 변화만 한다.

el libro nuevo 새 책

la casa nueva 새 집

el papel azul 파란 종이

la casa azul 파란 집

el hombre bueno 좋은 사람/ 남자

la mujer buena 좋은 여자

los libros nuevos 새 책들

las casas nuevas 새 집들

los papeles azules 파란 종이들

las casas azules 파란 집들

los hombres buenos 좋은 사람들/ 남자들

las mujeres buenas 좋은 여자들

형용사들은 명사의 전후에 위치할 수 있으나, 어떤 형용사들은 위치에 따라 그 의미가 달라진다.

el hombre pobre 가난한 사람   **el pobre hombre** 가련한 사람

el amigo viejo 나이 든 친구   **el viejo amigo** 오래된 친구

la casa nueva 새 집(새로 지은 집)   **la nueva casa** 새집(새로 이사한 집)

2 '-o'가 아닌 문자로 끝나는 형용사라도 그것이 국적에 관한 것이면 수뿐만 아니라 성 변화도 한다.

el hombre español 스페인 남자

los hombres españoles 스페인 남자들

la mujer española 스페인 여자

las mujeres españolas 스페인 여자들

3 보어가 된 형용사도 주어의 성·수에 일치해야 한다. 주어가 남성 명사와 여성 명사로 구성된 경우 이를 수식하는 형용사나 보어 역할을 하는 형용사는 남성 복수형이 된다.

El cielo es azul. 하늘은 푸르다.

Las casas son bonitas. 그 집들은 아름답다.

Ella es gorda y baja. 그녀는 뚱뚱하고 키가 작습니다.

El chico y la chica son simpáticos. 그 소년과 그 소녀는 마음씨가 좋다.

Nosotros estamos contentos. 우리들은 만족한다.

Ellas están cansadas. 그녀들은 피곤해한다.

4 어떤 형용사들은 다음과 같은 환경에서 어미가 탈락된다.

(1) 남성 단수 명사 앞에서 '-o'가 탈락되는 형용사 : buen(o), mal(o)

Él es un buen / mal amigo. 그는 좋은 / 나쁜 친구이다.

Ellos son unos buenos / malos amigos. 그들은 좋은 / 나쁜 친구들이다.

María es una buena amiga. 마리아는 좋은 친구이다.

Ellas son unas buenas amigas. 그녀들은 좋은 친구들이다.

Juan está de buen / mal humor. 후안은 기분이 좋다. / 좋지 않다.

(2) 형용사 'grande'는 남성이든 여성이든 단수 명사 앞에서 '-de'가 탈락된다.

gran hombre 위대한 사람 **grandes hombres** 위대한 사람들

gran mujer 위대한 여자 **grandes mujeres** 위대한 여자들

(3) Santo는 일부 남성 단수 명사 앞에서만 '-to'가 탈락된다.

San Diego 산 디에고 **San José** 산 호세

San Juan 산 후안 **San Francisco** 산 프란시스코

예외

Santo Domingo 산또 도밍고

Santo Tomás 산또 또마스

¡Santo cielo! 하느님 맙소사!

4 지시 형용사

한정 형용사에 속하므로 수식하는 명사의 앞에 위치하며 그 명사의 성·수에 일치한다. 우리말 "이, 그, 저"에 해당한다.

성 ／ 수		단수	복수
남 여	이	este	estos
		esta	estas
남 여	그	ese	esos
		esa	esas
남 여	저	aquel	aquellos
		aquella	aquellas

Este / ese / aquel libro es interesante. 이 / 그 / 저 책은 재미있다.

Estos / esos / aquellos libros son interesantes. 이 / 그 / 저 책들은 재미있다.

Esta / esa / aquella fábrica es grande. 이 / 그 / 저 공장은 크다.

Estas / esas / aquellas fábricas son grandes. 이 / 그 / 저 공장들은 크다.

Esta tarde no estudiamos. 오늘 오후에 우리들은 공부하지 않는다.

Estos chicos y aquellas chicas son españoles. 이 소년들과 저 소녀들은 스페인 사람들이다.

Este libro y esa pluma son de Antonio. 이 책과 그 펜은 안또니오의 것이다.

Soy estudiante de español.

1 다음 괄호 안에 필요하면 정관사를 넣으시오.

1 (　　　) español es fácil.

2 Manuel es (　　　) camarero.

3 (　　　) señor Martínez es profesor.

4 Carlos es (　　　) médico.

5 Juan habla (　　　) español.

6 María aprende (　　　) francés.

7 Carmen es (　　　) colombiana.

8 Elena habla muy bien (　　　) ingés.

9 ¡Buenos días! (　　　) Sra. Martínez.

10 Es secretaria de (　　　) universidad.

2 다음 문장에서 문법적으로 틀린 부분을 바르게 고치시오.

1 Él es uno bueno alumno.

2 Juan es un grande médico.

3 Ella es un buen chica.

4 Ana es una grande mujer.

5 Ellos son unos gran hombres.

6 Antonio es un malo hombre.

3 다음 빈칸에 알맞은 지시 형용사를 넣으시오.

1 (이) ＿＿＿＿＿ libro es interesante.

2 (저) ＿＿＿＿＿ fábrica es grande.

3 (그) ＿＿＿＿＿ chica es tonta.

4 (이) ＿＿＿＿＿ chicos son coreanos.

5 (저) ＿＿＿＿＿ coches son de Corea.

6 (이) ＿＿＿＿＿ teléfono móvil es caro.

7 (그) ＿＿＿＿＿ casas son grandes.

8 (저) ＿＿＿＿＿ mesas son nuevas.

4 〈보기〉와 같이 다음 문장들에 대답해보시오.

보기	¿Quién es profesor? / Juan <u>Juan es profesor.</u>

1 ¿Quién es estudiante? / Antonio.

2 ¿Quién es enfermera? / Carmen.

3 ¿Quién es secretaria? / Ana.

4 ¿Quiénes son alumnas? / Carmen y Ana.

5 ¿Quiénes son médicos? / Juan y Antonio.

5 〈보기〉와 같이 다음 문장들에 대답해보시오.

| 보기 | ¿Cómo es el señor? / alto.   El señor es alto. |

1 ¿Cómo es la casa? / grande.

2 ¿Cómo es el profesor? / bajo.

3 ¿Cómo es este hotel? / caro.

4 ¿Cómo es María? / simpática.

5 ¿Cómo es vuestra profesora? / gorda.

6 다음의 대화를 스페인어로 작문해보시오.

A : 당신은 누구십니까?

B : 저는 스페인어를 배우는 학생입니다.

A : 누가 우리의 스페인어 선생님입니까?

B : 마르띠네스 씨가 우리의 선생님입니다.

A : 그는 어느 나라 출신입니까?

B : 스페인 출신입니다.

A : 어떻게 생겼어요?

B : 키가 크고 친절해요.

양승관의 **기초 스페인어**

04

Esta es mi casa.
이것이 저의 집입니다.

학습 내용

장소 관련 표현

문법 사항

부정관사 용법

지시 대명사

Estar와 hay 동사의 용법

제3변화 규칙 동사의 직설법 현재

수사 : 기수(0 ~ 20)

감탄문

Esta es mi casa. ·····································

Antonio   **Esta es mi casa. Es bastante grande, pero antigua.**

이것이 나의 집이야. 매우 크지만 오래됐어.

Pilar   **¿Hay muchos árboles en el jardín?**

정원에 나무가 많이 있니?

Antonio   **No, sólo hay tres. Pero hay muchas flores.**

아니, 단지 세 그루만 있어. 하지만 꽃들이 많이 있어.

Pilar   **¿Qué es esto?**

이것은 무엇이니?

Antonio   **Es una mesa para comer.**

이것은 식탁이야.

Pilar   **Y aquello, ¿qué es?**

그리고 저것은 무엇이니?

Antonio   **Es la caseta del perro.**

저것은 개집이야.

Pilar   **Y allí, ¿qué hay?**

그리고 저기에 무엇이 있니?

Antonio   **Allí hay un garaje. Y tú, ¿dónde vives?**

저기에 차고가 있어. 그런데 너는 어디에 사니?

Pilar   **En un piso. Está en el centro de la ciudad.**

아파트에 살아. 시내 중심지에 있어.

Antonio	**¿Cómo es tu piso?**

너의 아파트는 어떠니?

Pilar	**Es pequeño y muy caro. Además es demasiado ruidoso.**

아주 작고 대단히 비싸. 게다가 아주 소란스러워.

Debajo de mi piso hay un bar y una discoteca.

내 아파트 밑에는 바와 디스코텍이 있어.

Por eso, cerca de mi piso siempre hay mucha gente.

그래서 내 아파트 근처에는 항상 사람들이 많아.

Antonio	**¡Qué mala suerte!**

운이 나쁘구나!

단어 및 표현 정리

esta 이것(지시 대명사 여성 단수형) | **bastante** 충분히, 매우 | **antiguo / a** 오래된, 낡은 | **hay** haber (〜이 있다) 동사의 무인칭형 | **árbol** 나무 | **jardín** 정원 | **tres** 3(수사) | **flor** 꽃 | **esto** 이것(중성 대명사), ¿Qué es esto? 이것은 무엇입니까? | **una** 어떤, 어느(부정관사 여성 단수형), 1(수사) | **mesa** 탁자 | **para** 위하여 | **aquello** 저것(중성 대명사) ¿Qué es aquello? 저것은 무엇입니까? | **caseta** 움막, 작은 집, caseta del perro 개집 | **allí** 저기에, Allí, ¿qué hay? 저기에 무엇이 있니? | **garaje** 차고 | **vives** vivir(살다) 동사의 직설법 현재 2인칭 단수 | **un** 어떤, 어느(부정관사 남성 단수형), 1(수사) | **piso** 아파트 | **centro** 중심지 | **ciudad** 도시, 시내 | **pequeño / a** 작은 | **caro / a** 비싼 | **además** 게다가 | **demasiado** 지나치게 | **ruidoso / a** 시끄러운 | **debajo** 아래에 debajo de 〜 의 아래에, encima de 〜 위에 | **bar** 바, 선술집 | **discoteca** 디스코텍 | **por eso** 그래서 | **cerca** 가까이(에) cerca de 〜 의 근처에 | **siempre** 항상 | **gente** 사람들 | **malo / a** 나쁜 | **suerte** 운, 행운 ¡Qué mala suerte! 운이 나쁘구나!

1 부정관사 용법

1 수를 의식하며 말할 때 사용한다.

Tiene una hija. 그는 딸이 하나 있다.

Tiene unas casas. 그는 몇 채의 집을 가지고 있다.

Tengo un libro. 나는 책을 한 권 가지고 있다.

Ana tiene unas plumas. 아나는 몇 개의 펜을 가지고 있다.

2 "어떤"이라는 의미로 사용된다. 즉, 불특정한 대상을 지칭한다.

un libro 어떤 책	**unos libros** 어떤 책들
una casa 어떤 집	**unas casas** 어떤 집들

3 동사 ser 뒤에 단수 가산명사가 오면 부정관사를 사용한다. 복수일 경우에는 부정관사 없이 사용 가능하다.

¿Qué es esto? 이것은 무엇입니까?

Es una mesa. 책상입니다.

Son unas mesas. 몇 개의 책상들입니다.

Son mesas. 책상들입니다.

¿Qué es aquello? 저것은 무엇입니까?

Es un libro. 책입니다.

Son unos libros. 몇 권의 책들입니다.

Son libros. 책들입니다.

2 지시 대명사

1 지시 대명사는 지시하는 명사의 성·수에 일치해야 한다. 우리말 "이것 / 이 사람, 그것 / 그 사람, 저것 / 저 사람"에 해당한다. 형태는 지시 형용사와 같다. 지시 대명사에는 중성형이 있다.

성 \ 수	단수		복수	
남성	**este**		**estos**	
여성	**esta**	이것, 이사람	**estas**	이것들, 이사람들
중성	**esto**		**-**	
남성	**ese**		**esos**	
여성	**esa**	그것, 그사람	**esas**	그것들, 그사람들
중성	**eso**		**-**	
남성	**aquel**		**aquellos**	
여성	**aquella**	저것, 저사람	**aquellas**	저것들, 저사람들
중성	**aquello**		**-**	

Este edificio y aquel son grandes. 이 건물과 저 건물은 거대합니다.

Estas chicas y aquellas son guapas. 이 소녀들과 저 소녀들은 예쁩니다.

Aquellas torres son pequeñas, pero esas son grandes. 저 탑들은 작지만 그 탑들은 거대합니다.

¿Qué es esto? 이것은 무엇입니까?

Es un museo. 박물관입니다.

¿Qué es eso? 그것은 무엇입니까?

Es una iglesia. 교회입니다.

¿Qué es aquello? 저것은 무엇입니까?

Es una discoteca. 디스코텍입니다.

2 '전자'라는 표현은 aquel(aquellos, aquella, aquellas), '후자'라는 표현은 este(estos, esta, estas)를 사용한다.

Carlos y Ana son estudiantes : esta es española y aquel es peruano.

까를로스와 아나는 학생입니다 : 후자('아나')는 스페인 사람이고 전자('까를로스')는 페루 사람입니다.

3 estar와 hay 동사의 용법

존재를 나타내는 표현은 estar 동사 이외에도 haber 동사에서 나온 무인칭 동사 hay가 있다. 동사 hay 다음에는 일반적으로 한정된 명사가 올 수 없다. 따라서 부정관사를 사용한 단수 및 복수 명사나 부정관사 없는 복수 명사가 올 수 있다. 동사 hay는 "있는지 없는지" 그 존재 여부에 중점을 둘 때 사용한다. 반면 동사 estar는 이미 존재하는 것을 알고 있는 상황에서 "어디에 있는지"를 말할 때 사용한다. 동사 estar의 주어는 한정된 것을 나타내므로 대개 정관사가 사용된다.

¿Dónde está el coche? 자동차는 어디에 있습니까?

El coche está en el garaje. 자동차는 차고에 있습니다.

¿Qué hay en la sala? 그 방에는 무엇이 있습니까?

Hay una mesa, una silla y una estantería en la sala. 그 방에는 탁자, 의자 그리고 책장이 있습니다.

¿Qué hay encima de la cama? 침대 위에는 무엇이 있습니까?

Hay un perro encima de la cama. 침대 위에는 개가 한 마리 있습니다.

¿Hay un banco cerca de aquí? 이 근처에 은행이 있습니까?

Sí, hay uno. Está al final de esta calle. 네, 하나 있습니다. 이 거리 끝에 있습니다.

| 도우미 | **en** ~ 에 / **sobre** ~ 위에 / **encima de** ~ 위에 / **detrás de** ~ 뒤에 / **delante de** ~ 앞에 / **debajo de** ~ 아래에 / **a la derecha de** ~ 오른쪽에 / **a la izquierda de** ~ 왼쪽에 / **al final de** ~ 마지막에 / 끝에 |

4 제3변화 규칙 동사의 직설법 현재

어미가 '-ir'로 끝나면서 아래 도표에서와 같이 규칙적으로 어미가 변화하는 동사들을 제3변화 규칙 동사라 한다.

vivir(살다)의 직설법 현재형	인칭 ＼ 수	단수	복수
	1	viv**o**	viv**imos**
	2	viv**es**	viv**ís**
	3	viv**e**	viv**en**

¿Dónde vives tú? 너는 어디에 사니?

¿Dónde vive Ud.? 당신은 어디에 사십니까?

Vivo en un piso. 나는 아파트에서 살아.

Vivo en Seúl. 서울에 삽니다.

다음의 동사들은 vivir 동사와 같은 어미 변화를 하는 제3변화 규칙 동사들이다.

abrir 열다　　　　　　　　**cubrir** 덮다

escribir (글을) 쓰다　　　　**subir** 오르다

recibir 받다

5 수사

기수(0 ~ 20)

0 cero　　　　　　　　**1 uno**

2 dos　　　　　　　　**3 tres**

4 cuatro　　　　　　　**5 cinco**

6 seis　　　　　　　　**7 siete**

8 ocho　　　　　　　**9 nueve**

10 diez　　　　　　　**11 once**

12 doce　　　　　　　**13 trece**

14 catorce　　　　　　**15 quince**

16 dieciséis　　　　　　**17 diecisiete**

18 dieciocho　　　　　**19 diecinueve**

20 veinte

6 감탄문

기본적인 감탄문은 '¡Qué+명사+tan+형용사!'로 구성된다. 그러나 '¡Qué+명사(또는 형용사, 부사)!'같이 간단한 형식을 취하기도 한다.

¡Qué chica tan bonita! 얼마나 예쁜 소녀인가!

¡Qué bonita! 정말 예쁘구나!

¡Qué mala suerte! 정말 운이 없구나!

¡Qué guapo! 정말 잘생겼구나!

¡Qué chico tan guapo! 얼마나 잘생긴 소년인가!

¡Qué calor! 정말 덥다!

¡Qué bien! 정말 좋다!

Esta es mi casa.

1 다음 빈칸에 알맞은 지시 대명사를 넣으시오.

1 Este libro y (저 책) ___________ son interesantes.

2 Este edificio y (그 건물) ___________ son grandes.

3 Aquellas chicas y (그 소녀들) ___________ son bonitas.

4 Estos teléfonos y (그 전화기들) ___________ son de Corea.

5 Esta mesa y (저 탁자) ___________ son nuevas.

6 Estas torres son pequeñas, pero (그 탑들) ___________ son grandes.

2 〈보기〉와 같이 다음 문장들을 연습해보시오.

보기	Esta casa es bonita. / esa casa Esa no es bonita.

1 Ese libro es interesante. / aquel libro ___________________________

2 Este profesor es simpático. / ese profesor ___________________________

3 Aquella chica es alta. / esta chica ___________________________

4 Estos chicos son coreanos. / esos chicos ___________________________

5 Esas casas son antiguas. / aquellas casas ___________________________

3 〈보기〉와 같이 다음 문장들을 연습해보시오.

<table><tr><td>보기</td><td>En esta calle hay un banco. El banco está en esta calle.</td></tr></table>

1 En la calle hay una discoteca. _______________________

2 Debajo de mi casa hay un bar. _______________________

3 Sobre la mesa hay un libro. _______________________

4 A la derecha hay un cine. _______________________

5 Detrás del hotel hay una piscina. _______________________

4 다음의 대화를 스페인어로 작문해보시오.

A : 이것이 나의 집이야.

B : 아주 크고 예쁘구나. 정원에 나무들이 많이 있니?

A : 아니, 단지 세 그루만 있어. 하지만 꽃들이 많아.

B : 저기에는 무엇이 있니?

A : 저기에는 차고가 있어. 너는 어디에 사니?

B : 나는 아파트에 살아. 시내 중심지에 있어.

A : 너의 아파트는 어떠니?

B : 작고 대단히 비싸. 게다가 아주 소란스러워. 아파트 밑에 바와 디스코텍이 있어.
 그래서 거기는 항상 사람들이 많아.

양승관의 **기초 스페인어**

Somos una familia feliz.

우리는 행복한 가족입니다.

학습 내용

가족 소개 표현

문법 사항

형용사와 동사 ser / estar

tener 동사의 용법

수사 : 기수(20 ~ 1,000,000)

Somos una familia feliz.

Manuel   **Esta es una foto de mi familia.**

이것이 나의 가족사진이야.

Anita   **¿Cómo es tu familia?**

너의 가족은 어떠니?

Manuel   **Somos una familia feliz.**

우리는 행복한 가족이야.

Anita   **¿Dónde estás tú?**

너는 어디에 있니?

Manuel   **Estoy en el centro. Mira, aquí estoy.**

중앙에 있어. 봐라. 여기에 내가 있어.

Anita   **¿Son estos tus padres?**

이 분들이 너의 부모님이시니?

Manuel   **Sí, mi padre es alto, delgado y muy amable.**

그래. 나의 아버지는 키가 크시고, 마르셨고, 매우 마음씨가 좋으셔.

Es médico. A la izquierda está mi madre.

아버지는 의사이셔. 왼쪽에 나의 어머니가 계셔.

Es baja y un poco gorda. Es ama de casa.

나의 어머니는 작고 약간 뚱뚱하셔. 그녀는 가정주부야.

Anita   **Y el señor de gafas, ¿quién es?**

그리고 안경 낀 분은 누구니?

Manuel **Es mi abuelo. Tiene setenta años. Es viejo pero fuerte.**

나의 할아버지야. 연세가 70세이셔. 늙으셨지만 건강하셔.

A la derecha está mi abuela. Ahora está enferma.

오른쪽에 할머니가 계셔. 지금 아프셔.

Anita **¿Son estos tus hermanos?**

이 사람들이 네 형제들이니?

Manuel **Sí, este es mi hermano mayor, Juan y trabaja en el bar.**

그래. 이 사람이 나의 형 후안이고, 바에서 일해.

Y la chica rubia es María, mi hermana menor.

그리고 금발의 소녀는 마리아이고 내 여동생이야.

---

foto 사진(= fotografía) | **familia** 가족 | **feliz** 행복한 | **mira** 봐라, mirar(보다) 동사의 명령형 2인칭(13과 참조) Mira, aquí estoy. 봐라, 여기 내가 있어. | **padre** 아버지(= papá) (복수) los padres 부모님 | **alto / a** 키가 큰 | **delgado / a** 마른 | **amable** 친절한, 마음씨가 좋은 | **médico** 의사 | **izquierda** 왼쪽 a la izquierda 왼쪽에 | **madre** 어머니(= mamá) | **bajo / a** 키가 작은 | **gordo / a** 뚱뚱한 | **ama** 주부 ama de casa 가정주부 | **gafas** 안경 el señor de gafas 안경 낀 분 | **abuelo** 할아버지 cf. abuela 할머니 | **tiene** tener(가지다) 동사의 직설법 현재 3인칭 단수형 | **setenta** 70(수사) | **año** 해, 년 Tiene setenta años. 연세가 70세야. | **viejo / a** 늙은 | **fuerte** 튼튼한, 건강한 | **derecha** 오른쪽 a la derecha 오른쪽에 | **enfermo / a** 아픈 | **hermano** 남자 형제 cf. hermana 여자 형제 | **mayor** 보다 큰, 연장자의 hermano mayor 형 | **trabaja** trabajar(일하다) 동사의 직설법 현재 3인칭 단수 | **chica** 소녀 cf. chico 소년 | **rubio / a** 금발의 | **menor** 보다 작은, 보다 어린 hermana menor 여동생

Somos una familia feliz. ·····················

1 형용사와 동사 ser / estar

1 어떤 형용사들은 동사 ser와 함께 사용되었는가 혹은 동사 estar와 함께 사용되었는가에 따라 그 뜻이 달라진다.

Carmen es enferma. 까르멘은 환자다.

Carmen está enferma. 까르멘은 아프다.

Ana es lista. 아나는 똑똑하다 / 약다.

Ana está lista. 아나는 (~ 할) 준비가 되어 있다.

Ud. es bueno. 당신은 좋은 사람입니다.

Ud. está bueno ahora. 당신은 이제 병이 나았습니다.

Ella es mala. 그녀는 나쁜 사람이다.

Ella está mala. 그녀는 지금 병들어 있다.

2 변하지 않는 진리나 본질적인 속성을 표현할 때는 동사 ser를 사용한다.

La nieve es blanca. 눈은 희다.

La flor es bonita. 꽃은 아름답다.

Seúl es muy grande. 서울은 매우 크다.

Ana es simpática. 아나는 마음씨가 좋다.

3 주관적인 의견이나 주어의 상태 혹은 상황이 변하였을 때는 일반적으로 동사 estar를 사용한다.

Esta nieve está sucia. 이 눈은 더럽다.

Elena no está gorda ahora. 엘레나는 지금은 뚱뚱하지 않다.

Rosa es alegre pero hoy no está alegre. 로사는 명랑하지만 오늘은 명랑하지 않다.

2 tener 동사의 용법

1 불규칙 동사 tener는 직설법 현재 1인칭 단수에서 어간에 'g'가 덧붙는 동사이다. 또한 단수 2, 3인칭과 복수 3인칭에서 어간모음 'e'가 'ie'로 바뀐다.

인칭 \ 수	단수	복수
1	tengo	tenemos
2	tienes	tenéis
3	tiene	tienen

2 일반적으로 tener 동사의 목적어에는 정관사를 쓰지 않는다. 그러나 부정관사를 사용하거나 관사 없이 복수형으로 사용할 수 있다. 사람이 목적어가 되는 경우도 정관사는 물론 대격 전치사 'a'도 사용하지 않는다.

Tenemos una casa. 우리들은 집 한 채를 가지고 있다.

Mi amigo no tiene padres. 나의 친구는 부모님이 안 계시다.

Ana tiene un hermano. 아나는 남자 형제가 하나 있다.

Ella tiene un hijo. 그녀는 아들이 하나 있다.

Juan tiene muchos amigos. 후안은 친구들이 많다.

▶ 한정된 경우에는 정관사를 사용한다.

Ana tiene los libros de María. 아나는 마리아의 책들을 가지고 있다.

3 나이를 묻는 표현에 사용한다.

¿Cuántos años (de edad) tienes tú? 너는 몇 살이니?

Tengo veintiún años. 나는 21살입니다.

4 동사 tener는 다음과 같은 관용구에 쓰인다.

tener calor / frío / hambre / sed / sueño / razón / miedo / fiebre

덥다 / 춥다 / 배고프다 / 목마르다 / 졸리다 / ~ 의 말이 옳다 / 두렵다 / 열이 있다

Tengo calor. 나는 덥다.

Tenemos hambre. 우리들은 배가 고프다.

Tengo sueño. 나는 졸립다.

Usted tiene razón. 당신 말이 옳습니다.

3 수사

기수(20 ~ 1,000,000)(부록 참조)

20 veinte	**21** veintiuno	**22** veintidós
23 veintitrés	**24** veinticuatro	**25** veinticinco
26 veintiséis	**27** veintisiete	**28** veintiocho
29 veintinueve	**30** treinta	**31** treinta y uno
40 cuarenta	**41** cuarenta y uno	**50** cincuenta
60 sesenta	**70** setenta	**80** ochenta
90 noventa	**100** cien / ciento	**200** doscientos
300 trescientos	**400** cuatrocientos	**500** quinientos
600 seiscientos	**700** setecientos	**800** ochocientos
900 novecientos	**1,000** mil	**1,000,000** un millón

도우미

(i) 십 단위와 단 단위 사이에서 **'y'**를 사용한다. 그러나 **16 ~ 19** 그리고 **21 ~ 29**까지는 십 단위와 단 단위를 합쳐서 한 단어로 된 축약형을 사용한다. 이 경우 단 단위 숫자의 강세 위치를 유지하기 위해 강세 부호를 찍어야 한다. **31**부터는 축약형을 사용하지 않는다.

16 dieciséis / diez y seis (X)　　　**19 diecinueve / diez y nueve (X)**

21 veintiuno / veinte y uno (X)　　　**29 veintinueve / veinte y nueve (X)**

31 treinta y uno (O)

(ii) 우리나라와 영어 사용국에서는 천 단위마다 콤마**(,)**를 찍지만 스페인에서는 점**(.)**을 사용한다 : **1.000, 1.000.000** 등. 그러나 연도의 경우는 점을 찍지 않는다 : **el año 1999**(연도는 영 · 미식과는 달리 **mil novecientos noventa y nueve**라고 읽는다.) 그리고 우리나라에서는 **0.5**의 경우 소수점을 사용하나 스페인에서는 콤마를 사용한다 : **0,5(cero coma cinco**라고 읽는다)

1 uno는 수사 '1'이라는 뜻일 때 남성 명사와 mil(1,000), millón(백만) 앞에서 어미 '-o'가 탈락되고, 여성 명사 앞에서는 어미 '-o'가 '-a'로 된다.

un libro 한 권의 책　　　　　　　　**una mujer** 한 명의 여인

veintiún libros 21권의 책들　　　　**veintiuna casas** 21채의 집들

veintiún mil personas 21,000명의 사람들　　**treinta y un hombres** 31명의 남자들

ciento un perros 101마리의 강아지들　　**un millón** 백만

▶ **veintiuno**는 어미 **'-o'**가 탈락되면 **'-u-'** 위에 강세 부호를 찍어야 한다.

2 ciento는 명사 앞이나 mil(1,000)과 millón(백만) 앞에서는 성에 관계없이 어미 '-to'를 탈락시킨다.

ciento cuarenta y uno 141

ciento ochenta y tres hombres 183명의 남자들

cien chicos 100명의 소년들

cien chicas 100명의 소녀들

cien mil personas 10만 명의 사람들

cien millones de habitantes 1억 명의 주민들

ciento cinco mil personas 10만 5천 명의 사람들

3 200 ~ 900까지는 명사의 성에 일치하여야 하며 항상 복수형이다.

doscientos libros 200권의 책들

cuatrocientas alumnas 400명의 여학생들

quinientos cinco chicos 505명의 소년들

quinientas cinco chicas 505명의 소녀들

4 ciento와 mil 앞에는 영어와는 달리 un을 붙이지 않는다. mil은 남·여성이 따로 없고 복수형도 없다.

cien dólares 100달러

mil personas 천 명의 사람들

el año dos mil diez 2010년

veintiún mil euros 2만 천 유로

▶ mil은 "수천의"라는 의미일 때는 복수형을 쓴다.

miles de personas 수천 명의 사람들

5 millón은 수 변화를 하며 명사 바로 앞에 올 때는 항상 전치사 de를 동반한다. 그러나 millón, millones 다음에 숫자가 오면 de를 쓰지 않는다.

un millón de libros 백만 권의 책들

dos millones de soldados 2백만 명의 군인들

tres millones cuatrocientos mil euros. 3백4십만 유로

6 기수가 명사 뒤에 오는 경우 서수의 가치를 가진다. 이때 명사 앞에 정관사가 요구된다.

el capítulo tres(= tercero) 세 번째 과

Somos una familia feliz.

1 다음 밑줄에 동사 ser와 estar를 알맞게 채우시오.

1 La nieve ____________ blanca.

2 Esta nieve ____________ sucia.

3 La flor ____________ bonita.

4 Seúl ____________ muy grande.

5 Elena no ____________ gorda ahora.

6 Ana ____________ muy simpática.

7 Rosa ____________ alegre pero hoy no ____________ alegre.

2 〈보기〉와 같이 다음 문장들을 연습해보시오.

| 보기 | Mi abuelo es viejo. / tu abuela   <u>Tu abuela es vieja.</u> |

1 Tu niño es listo. / mi niña

2 Mi padre es alto y delgado. / tu madre

3 Su hermano es bajo y gordo. / su hermana

4 Ellos son simpáticos. / ellas

5 Tu sobrino es guapo. / mi sobrina

6 Mi primo está contento. / tu prima

7 Ellos están cansados. / ellas

8 Juan es bueno. / Ana

3 〈보기〉와 같이 다음 문장들에 대답해보시오.

¿Cuántos años tiene usted? / 21   <u>Tengo veintiún años.</u>

1 ¿Cuántos años tienes tú? / 25

2 ¿Cuántos años tiene tu niño? / 7

3 ¿Cuántos años tiene su padre? / 59

4 ¿Cuántos años tiene su abuelo? / 78

5 ¿Cuántos años tiene tu hermana? / 36

4 다음의 대화를 스페인어로 작문해보시오.

A : 이것이 나의 가족사진이야.

B : 이 분들이 너의 부모님이시니?

A : 그래. 나의 아버지는 키가 크시고, 마르셨고, 마음씨가 좋으셔.
   의사이셔. 왼쪽에 나의 어머니가 계셔.
   나의 어머니는 작고 약간 뚱뚱하셔. 그녀는 가정주부야.

B : 그리고 안경 낀 분은 누구니?

A : 나의 할아버지야. 연세가 70세이셔. 늙으셨지만 건강하셔.

B : 이 사람들이 네 형제들이니?

A : 그래, 이 사람이 나의 형이고 금발의 소녀가 내 여동생이야.

양승관의 **기초 스페인어**

06

Hoy es lunes.
오늘은 월요일입니다.

학습 내용
날짜, 요일, 시간 표현

문법 사항
불규칙 동사 ir
불규칙 동사 empezar
월, 요일, 시간 표현

Hoy es lunes.

Carmen **¡Pablo! ¿Adónde vas?**

빠블로! 너 어디 가니?

Pablo **Voy a la cafetería.**

커피숍에 가.

Carmen **¿Qué día es hoy?**

오늘 무슨 요일이니?

Pablo **Hoy es lunes.**

오늘은 월요일이야.

Carmen **¿A cuántos estamos hoy?**

오늘 며칠이니?

Pablo **Hoy estamos a veintitrés de octubre de dos mil once.**

오늘은 2011년 10월 23일이야.

Carmen **¿Cuándo es el examen de composición?**

작문 시험은 언제니?

Pablo **Es el veintisiete de octubre.**

10월 27일이야.

Carmen **¿Qué hora es? No tengo reloj.**

지금 몇 시니? 나는 시계가 없어.

Pablo **Ya son las tres y cuarto.**

벌써 3시 15분이야.

Carmen	**¿A qué hora empieza la clase de conversación?**

몇 시에 회화 수업이 시작하니?

Pablo	**Empieza a las tres y media.**

3시 반에 시작해.

Carmen	**Todavía tenemos un cuarto de hora para tomar un café.**

아직 커피 한 잔 할 시간이 15분 남았구나.

Pablo	**Bueno, pero deprisa. No tenemos mucho tiempo.**

좋아, 하지만 서둘러. 시간이 많지 않아.

El profesor es muy puntual.

교수님은 시간을 매우 잘 지키셔.

---

adónde 어디에, 어디로 | **vas** ir(가다) 동사의 직설법 현재 2인칭 단수 ¿Adónde vas? 너 어디 가니? | **voy** ir(가다) 동사의 직설법 현재 1인칭 단수 | **cafetería** 간이식당, 커피숍 Voy a la cafetería. 나는 커피숍에 간다. | **hoy** 오늘 | **lunes** 월요일 | **cuánto** 몇 개의, 얼마만큼의 ¿A cuántos estamos hoy? 오늘 며칠입니까? | **veintitrés** 23(수사) | **octubre** 10월 | **dos mil once** 2011(수사) | **examen** 시험 | **composición** 작문 el examen de composición 작문 시험 | **veintisiete** 27(수사) | **hora** 시간 ¿Qué hora es? 몇 시입니까? | **reloj** 시계 | **ya** 이미, 벌써 | **cuarto** 4분의 1, 15분(= un cuarto de hora) | **empieza** empezar(시작하다) 동사의 직설법 현재 3인칭 단수 | **conversación** 회화 ¿A qué hora empieza la clase de conversación? 몇 시에 회화 수업이 시작합니까? | **medio** 반의, media hora 30분 La clase empieza a las tres y media. 수업은 3시 반에 시작해. | **todavía** 아직 | **tomar** 먹다, 마시다 | **café** 커피 cf. café solo 블랙커피, café con leche 밀크커피 | **deprisa** 서둘러, 급하게 | **tiempo** 시간, 시기, 기간 | **puntual** 정확한, 시간을 잘 지키는

Hoy es lunes.

1 불규칙 동사 ir

ir(가다) 동사의 직설법 현재 변화형은 다음과 같다.

인칭 / 수	단수	복수
1	voy	vamos
2	vas	vais
3	va	van

1 '~로 가다'라는 표현을 할 경우 ir 동사 다음에 전치사 'a'를 사용한다.

Voy a la biblioteca. 나는 도서관에 간다.

Ellos van al parque. 그들은 공원에 간다.

¿Adónde vais? 너희들은 어디에 가니?

Vamos a la casa del Sr. Kim. 우리들은 김 선생님의 집에 갑니다.

▶ 전치사 **a**나 **de** 다음에 정관사 **el**이 오면 각각 **al**과 **del**로 축약해 사용해야 한다 : a + el = al, de + el = del

2 "ir a + 동사 원형"은 '~할 예정이다'라는 뜻으로 미래를 나타낸다.

¿Qué vas a hacer este fin de semana? 이번 주말에 너 무엇을 하려고 하니?

Voy a ir a la montaña con mi familia. 나는 가족과 함께 산에 가려고 해.

▶ ir와 유사하게 변하는 동사 : **dar**(주다) - **doy, das, da, damos, dais, dan**

2 불규칙 동사 empezar

1 동사 empezar(시작하다)의 직설법 현재형은 어간 모음 '-e-'가 '-ie-'로 변화한다. 단 1, 2인칭 복수는 어간 모음이 변하지 않음에 주의한다.

인칭　　　　　수	단수	복수
1	empiezo	empezamos
2	empiezas	empezáis
3	empieza	empiezan

¿A qué hora empieza la clase? 몇 시에 수업이 시작하니?

Empieza a las dos. 2시에 시작해.

2 "empezar a + 동사 원형"은 ' ~ 하기 시작하다'라는 의미를 가진다.

Mi hermano empieza a estudiar. 내 동생은 공부하기 시작한다.

Nosotros empezamos a hacer la tarea. 우리들은 숙제를 하기 시작한다.

다음의 동사들은 empezar 동사와 동일한 변화형을 갖는다.

comenzar 시작하다　　　　**cerrar** 닫다　　　　**pensar** 생각하다

negar 부인하다　　　　**despertar** 깨우다　　　　**sentar** 앉히다

3 월 명칭

enero 1월 **febrero** 2월 **marzo** 3월

abril 4월 **mayo** 5월 **junio** 6월

julio 7월 **agosto** 8월 **septiembre** 9월

octubre 10월 **noviembre** 11월 **diciembre** 12월

1 월의 명칭은 관사를 수반하지 않는다. 월의 명칭은 '6월'인 경우 junio 또는 el mes de junio로 표기한다. 영어와는 달리 대문자로 쓰지 않는다.

Junio tiene 30 días. 6월은 30일이다.

Viajamos a Francia en noviembre. 우리들은 11월에 프랑스로 여행 간다.

A mediados de marzo empieza la primavera. 3월 중순에 봄이 시작된다.

2 날짜를 묻고 대답하는 표현은 다음과 같이 다양하다.

¿A cuántos estamos hoy? 오늘은 며칠입니까?

¿A cómo estamos hoy? 오늘은 며칠입니까?

Estamos a once de octubre. 10월 11일입니다.

¿Qué fecha es hoy? 오늘은 며칠입니까?

Es (el día) once de octubre. 10월 11일입니다.

▶ 1일인 경우 스페인에서는 **uno**를 사용하고, 중남미에서는 **primero**를 사용한다.

Hoy es uno / primero de febrero. 오늘은 2월 1일입니다.

3 날짜가 부사로 쓰여 "~일에"라는 뜻을 가질 때는 전치사 없이 "정관사 + 날짜"로 표현한다.

Carlos llega a Madrid el (día) quince de septiembre.

까를로스는 **9**월 **15**일에 마드리드에 도착한다.

4 요일 명칭

el lunes 월요일   **el martes** 화요일   **el miércoles** 수요일

el jueves 목요일   **el viernes** 금요일   **el sábado** 토요일

el domingo 일요일

1 요일의 명칭이 동사 ser의 보어로 쓰일 경우에는 관사를 생략한다. 그리고 영어와는 달리 대문자로 쓰지 않는다.

¿Qué día (de la semana) es hoy? 오늘은 무슨 요일입니까?

Hoy es viernes. 오늘은 금요일입니다.

Mañana es sábado. 내일은 토요일입니다.

2 요일의 명칭이 부사구(~ 요일에)가 될 경우 전치사를 사용하지 않고 "관사 + 요일"로 표현한다. 복수가 되면 "매주 ~ 요일에"라는 의미가 된다.

Juan va a Barcelona el sábado. 후안은 토요일에 바르셀로나에 간다.

Mi familia va a la iglesia los domingos(= todos los domingos).

나의 가족은 매주 일요일에 교회에 간다.

의미를 강조하기 위해 **los domingos** 대신 **todos los domingos**를 사용하기도 한다. 그러나 단수인 **todo el domingo**는 "일요일 하루 종일"이라는 의미가 된다. "매일"이라는 표현은 **todos los días**이고, "하루 종일"이라는 표현은 **todo el día**이다.

5 시간

1 시간의 표현은 "동사 ser의 3인칭 단·복수(es, son)+여성 정관사 단·복수(la, las)+ 기수"의 형태로 나타낸다. 1시의 경우 동사 ser의 3인칭 단수 'es'가 쓰이고 관사는 단수 la를 사용한다. 2시 이상의 경우는 모두 복수형이 쓰인다.

¿Qué hora es? 지금은 몇 시입니까?(= **¿Qué horas son?**)

Es la una. 1시입니다.

Es la una y media. 1시 반입니다.

Son las dos en punto. 2시 정각입니다.

▶ "**¿Qué hora es?**" 대신 "**¿Qué hora tiene Ud.?**", "**¿Qué horas tiene Ud.?**", "**¿Tienes hora?**"라는 표현을 쓰기도 한다. "**5시 10분**"이라고 대답할 경우 "**Tengo las cinco y diez**"라고 하면 된다. 또는 "**Son las cinco y diez**"라고 대답해도 된다.

2 "몇 시 몇 분"을 표현할 때 시간과 분 사이에 'y'를 사용한다. 15분일 때는 quince 대신 cuarto(4분의 1, 즉 15분)를, 30분일 때는 treinta 대신에 media(반시간, media hora)를 사용할 수 있다.

Es la una y veinte. 1시 20분입니다.

Son las dos y media. 2시 30분입니다.

Son las cinco y cuarto. 5시 15분입니다.

3 "몇 분 전"이라는 표현으로는 menos를 사용한다. 30분이 넘었을 경우, 즉 "3시 40분"을 말할 때 Son las tres y cuarenta라는 표현보다 "4시 20분 전"이라는 표현을 일반적으로 사용한다.

Son las cuatro menos veinte. 4시 20분 전입니다. 3시 40분입니다.

Son las seis menos cuarto. 6시 15분 전입니다. 5시 45분입니다.

4 "오전, 오후, 저녁 몇 시"의 표현은 de la mañana, de la tarde, de la noche를 시간 다음에 사용한다. 일반적으로 "오전에, 오후에, 저녁에"라는 표현은 por la mañana, por la tarde, por la noche라는 표현을 사용하지만, 시간과 함께 쓰일 경우에 전치사 'de'를 사용한다.

Son las siete de la mañana. 오전 7시입니다.

Son las dos de la tarde. 오후 2시입니다.

Son las once de la noche. 저녁 11시입니다.

5 "몇 시에"라는 표현에는 전치사 'a'가 사용된다.

¿A qué hora llega el tren? 몇 시에 기차가 도착합니까?

El tren llega a las cinco y media. 기차는 5시 반에 도착합니다.

¿A qué hora termina la clase? 수업은 몇 시에 끝납니까?

Termina a las tres y media. 3시 반에 끝납니다.

¿A qué hora es el examen? 시험 몇 시니?

Es a las dos y media. 2시 반이야.

Hoy es lunes. ·····················

1 괄호 안의 동사를 직설법 현재 시제로 알맞게 변화시키시오.

1 Ellos __________ (ir) al parque.

2 ¿Adónde __________ (ir) vosotros?

3 Nosotros __________ (ir) a la cafetería.

4 Ella __________ (ir) a hacer la tarea.

5 Yo __________ (ir) a ir a la montaña con mi familia.

6 Tú y yo __________ (ir) a la casa del Sr. Kim.

2 〈보기〉와 같이 연습하시오.

보기	¿A cómo estamos hoy? / 15 - 3 <u>Hoy estamos a quince de marzo.</u>

1 7 - 2 __________________________

2 28 - 9 __________________________

3 14 - 10 __________________________

4 25 - 6 __________________________

5 13 - 11 __________________________

6 19 - 5 __________________________

7 24 - 12 __________________________

8 30 - 4 __________________________

9 15 - 7 __________________________

10 12 - 8 __________________________

3 〈보기〉와 같이 다음 질문에 대답하시오.

| 보기 | ¿A qué hora es la clase de conversación? (8:30)
La clase de conversación es a las ocho y media. |

1 ¿A qué hora es el examen? (12:20)　　　________________________

2 ¿A qué hora es el descanso? (10:00)　　________________________

3 ¿A qué hora es la reunión? (9:30)　　　 ________________________

4 ¿A qué hora es la clase? (11:00)　　　　________________________

5 ¿A qué hora es el partido? (7:10)　　　 ________________________

4 다음의 대화를 스페인어로 작문해보시오.

A : 오늘 무슨 요일이니?　　　　　　　　　B : 오늘은 월요일이야.

A : 오늘 며칠이니?　　　　　　　　　　　B : 오늘은 2011년 10월 23일이야.

A : 작문 시험은 언제니?　　　　　　　　　B : 10월 27일이야.

A : 지금 몇 시니? 나는 시계가 없어.　　　B : 벌써 3시 15분이야.

A : 몇 시에 회화 수업이 시작하니?　　　　B : 회화 수업은 3시 반에 시작해.

양승관의 **기초 스페인어**

07

Hace buen tiempo.

오늘 날씨가 좋습니다.

학습 내용

날씨 표현

문법 사항

불규칙 동사 hacer

불규칙 동사 poder

tener que + 동사 원형

현재 분사

Hace buen tiempo.

Sara **¡Hola, Minsu! ¿Qué haces aquí?**

안녕, 민수! 여기에서 뭐하고 있니?

Minsu **¡Hola! Estoy preparando la clase de mañana.**

안녕! 내일 배울 수업을 준비하고 있는 중이야.

Sara **¿Cuánto tiempo hace que estás en España?**

너는 스페인에 있은 지 얼마나 되었니?

Minsu **Hace 2 meses que estoy aquí. No puedo entender bien el español.**

여기에 있은 지 두 달 됐어. 나는 스페인어를 잘 이해할 수가 없어.

Por eso, tengo que preparar las lecciones.

따라서 나는 학과들을 준비해야만 해.

Pero hoy no puedo estudiar más porque hace calor.

하지만 날씨가 덥기 때문에 오늘은 더 공부를 할 수가 없구나.

Sara **Ya estamos en verano.**

벌써 여름이야.

En tu país, ¿qué tiempo hace en verano?

너의 나라에서는 여름에 날씨가 어떠니?

Minsu **Hace mucho calor y llueve bastante en verano.**

여름에 매우 덥고 비가 많이 내려.

Sara **En Madrid también hace mucho calor en verano.**

마드리드에서도 역시 여름에는 매우 더워.

En cambio, hace frío en invierno. Casi no nieva en Madrid.

반면, 겨울에는 추워. 마드리드에는 거의 눈이 오지 않아.

Minsu **En otoño y en primavera, ¿qué tiempo hace en Madrid?**

가을과 봄에는 마드리드 날씨가 어떠니?

Sara **El tiempo es muy agradable. Hace muy buen tiempo.**

날씨가 아주 쾌적해. 날씨가 매우 좋아.

Y en tu país, ¿qué tiempo hace en estas dos estaciones?

너의 나라에서는 이 두 계절에 날씨가 어떠니?

Minsu **El clima no es caluroso. No hace ni calor ni frío.**

기후가 무덥지 않아. 덥지도 춥지도 않아.

단어 및 표현 정리

hace hacer(하다) 동사의 직설법 현재 3인칭 단수 (날씨를 나타낼 때 비인칭 동사로도 사용할 수 있다.) ┃ **haces** hacer(하다) 동사의 직설법 현재 2인칭 단수 ┃ **preparando** preparar(준비하다) 동사의 현재 분사 ┃ **tiempo** 시간, 때, 기간, 날씨 ¿Qué tiempo hace? 날씨가 어떻습니까? ┃ **hace…que ~** ~ 한 지가 얼마 되다 Hace 2 meses que estoy aquí. 여기에 있은 지 두 달 돼. cf. "llevar(+ 현재 분사)" 표현을 사용할 수도 있다. ¿Cuánto tiempo llevas (viviendo) aquí? 너 여기에 산 지 얼마나 되니? Llevo (viviendo) 3 años aquí. 여기에 산 지 3년 돼. ┃ **puedo** poder(할 수 있다) 동사의 직설법 현재 1인칭 단수 ┃ **entender** 이해하다 ┃ **por eso** 그래서, 따라서 ┃ **más** 더(이상) ┃ **porque** 왜냐하면 ┃ **calor** 더위 ┃ **verano** 여름 ¿En qué estación del año estamos ahora? 지금은 무슨 계절인가요? Estamos en verano. 지금은 여름입니다. ┃ **llueve** llover(비가 오다) 동사의 직설법 현재 3인칭 단수 (날씨를 나타내는 비인칭 동사) ┃ **cambio** 변화, 변경 en cambio 반면에 ┃ **frío** 추위 ┃ **casi** 거의 ┃ **nieva** nevar(눈이 오다) 동사의 직설법 현재 3인칭 단수 (날씨를 나타내는 비인칭 동사) ┃ **invierno** 겨울 ┃ **otoño** 가을 ┃ **primavera** 봄 ┃ **agradable** 즐거운, 쾌적한 ┃ **estación** 계절 ┃ **clima** 기후 ┃ **caluroso / a** 무더운 ┃ **ni** ~ 도 없이 No hace ni calor ni frío. 덥지도 춥지도 않다.

Hace buen tiempo. ·······························

1 불규칙 동사 hacer

1 동사 hacer는 '하다, 만들다, 시키다'라는 뜻을 가지며, 직설법 현재 변화형은 다음과 같다. 1인칭 단수에서 어간의 'c'가 'g'로 바뀌는 동사이다.

인칭　　　수	단수	복수
1	hago	hacemos
2	haces	hacéis
3	hace	hacen

¿Qué va a hacer Ud. hoy? 오늘 당신은 무엇을 하려고 합니까?

Los niños hacen sus camas. 그 아이들은 자기들의 잠자리를 준비한다.

Los profesores les hacen estudiar mucho a los alumnos.

교수님들은 학생들에게 열심히 공부하도록 한다.

▶ **les** 간접목적격 대명사 '그들에게'**(8과 참조)**

2 날씨와 관련된 hacer 동사의 관용구

¿Hace hoy calor o frío? 오늘 날씨는 더운가요? 또는 추운가요?

Hace mucho calor. 대단히 덥습니다.

¿Qué tiempo hace hoy? 오늘 날씨 어때요?

Hace fresco. 선선합니다.

Hace sol. 태양이 납니다.

Hace viento. 바람이 붑니다.

Hace buen tiempo. 날씨가 좋습니다.

Hace mal tiempo. 날씨가 나쁩니다.

i) '대단히 덥다 / 춥다 / 바람이 많이 분다'라고 표현할 때는 **"Hace mucho calor / frío / viento"**라고 한다. 여기에서 **calor / frío / viento**는 명사로 형용사 **mucho**와 함께 올 때 명사의 성·수에 일치해야 하며, 우리말로 번역할 때는 "대단히"라고 부사처럼 번역하는 것이 좋다. 반면에 형용사의 앞인 경우 "대단히"라고 할 때는 **muy**를 사용한다.

El clima es muy caluroso. 기후가 대단히 덥다.
Ya es muy tarde. 이미 대단히 늦었다.
Todavía es muy temprano. 아직 매우 이르다.

ii) 날씨가 춥거나 더울 때를 표현할 때는 hacer 동사를 사용하고, 사람이 춥고 더울 때를 표현할 때는 tener 동사를 사용한다.

Hace frío. 날씨가 춥다.   **Tengo frío.** 나는 춥다.

3 hace + 기간 + que + 현재동사 : ~ 한 지가 얼마 되다. 과거에 시작된 행위가 아직도 계속되고 있는 것을 표현한다.

¿Cuánto tiempo hace que estás aquí? 너는 여기에 머문 지 얼마나 되니?

Hace 5 años que estoy aquí. 여기에 머문 지 5년 돼.

2 불규칙 동사 poder

동사 poder(할 수 있다)는 직설법 현재에서 어간 모음 '-o-'가 '-ue-'로 변하는 동사이다. 단, 1, 2인칭 복수는 어간 모음이 변하지 않음에 주의한다.

인칭	수	단수	복수
1		puedo	podemos
2		puedes	podéis
3		puede	pueden

¿Puedo entrar aquí? 여기 들어가도 됩니까?

No podemos entender bien. 우리들은 잘 이해할 수 없다.

No pueden comer más. 그들은 더 이상 먹을 수가 없다.

다음의 동사들은 poder 동사와 동일한 변화형을 갖는다.

llover 비가 오다 　　　　**volver** 돌아오다 　　　　**devolver** 돌려주다

3 tener que + 동사 원형

1 "~을 해야만 한다"라는 표현으로, 반드시 해야 하는 의무를 말한다.

Tengo que ir a la escuela. 나는 학교에 가야만 한다.

Tenemos que estudiar mucho. 우리들은 열심히 공부해야만 한다.

2 부정문이 되면 'no tener que + 동사 원형'의 구조를 취하며 "~을 해서는 안 된다" 또는 "~을 할 필요가 없다"라는 뜻이 된다.

Los niños no tienen que fumar. 아이들은 담배를 피워서는 안 된다.

Usted no tiene que ir allí. 당신은 거기에 갈 필요가 없습니다.

도우미

다음의 표현들도 **" ~ 을 해야만 한다"**라는 의미를 갖는다.

i) "hay que + 동사 원형" : 무인칭으로 사용하며, 일반적으로 반드시 해야만 하는 의무를 말한다.

Hay que trabajar más. 열심히 일을 해야만 합니다.
Hay que hacer ejercicio. 운동을 해야만 합니다.

ii) "deber + 동사 원형" : 위의 표현들보다 약하며, 도덕적 측면에서 해야 하는 의무를 말한다.

Debes estudiar más. 너는 더 열심히 공부해야 한다.
Aquí no debes fumar. 너는 여기에서 담배를 피워서는 안 된다.

---

4 현재 분사

1 현재 분사의 형태

(1) 규칙 형태 : 동사 어미가 '-ar'로 끝나면 '-ando'로 바꾸고, '-er'와 '-ir'로 끝나면 '-iendo'로 바꾸어 현재 분사를 만든다.

hablar - hablando　　　　　**comer - comiendo**　　　　　**vivir - viviendo**

(2) 불규칙 형태 : 현재 분사의 불규칙 형태는 세 유형으로 나눌 수 있다.

(i) 어간 모음 '-e-'가 '-i-'로 바뀌는 동사들

decir 말하다   ▶   **diciendo**

pedir 요구하다   ▶   **pidiendo**

venir 오다   ▶   **viniendo**

(ii) 어간 모음 '-o-'가 '-u-'로 바뀌는 동사들

dormir 자다   ▶   **durmiendo**

morir 죽다   ▶   **muriendo**

poder 할 수 있다   ▶   **pudiendo**

(iii) 어간이 모음으로 끝나는 경우 '-yendo'를 사용한다.

creer 믿다   ▶   **creyendo**

leer 읽다   ▶   **leyendo**

oír 듣다   ▶   **oyendo**

▶ 동사 **ir**의 현재 분사형은 **yendo**가 되는데 이것은 특별한 경우이다.

2 현재 분사의 용법

(1) "estar + 현재 분사"의 구성으로, 현재 진행형을 표현한다. 한국어로 "~ 하고 있는 중이다"라고 표현할 때 사용한다.

¿Qué estás haciendo? 너는 지금 무엇을 하고 있는 중이니?

Estoy preparando la lección. 나는 학과를 준비하고 있는 중이다.

(2) 주동사와 동시에 진행 중인 행위를 나타낸다.

La chica viene cantando. 그 소녀는 노래하면서 오고 있다.

Ella estudia escuchando música. 그녀는 음악을 들으면서 공부한다.

Ellos charlan tomando refrescos. 그들은 음료수를 마시면서 잡담을 한다.

(3) 동사 ir(가다)와 함께 쓰여 '점점 ~하다'라는 뜻을 나타내며, continuar(계속하다), seguir(계속하다)와 함께 쓰여 '계속 ~ 하다'라는 뜻을 나타낸다.

Va anocheciendo. 점점 어두워진다.

Continúa lloviendo. 계속 비가 내리고 있다.

Sigue estudiando aquí. 그는 계속 여기에서 공부하고 있다.

Hace buen tiempo.

1 〈보기〉와 같이 다음 질문에 대답해보시오.

| 보기 | ¿Hace calor en verano?   <u>Sí, hace calor en verano.</u> |

1 ¿Hace frío en invierno? _______________________________________

2 ¿Hace mucho sol en julio? _______________________________________

3 ¿Hace fresco en marzo? _______________________________________

4 ¿Llueve mucho en tu país? _______________________________________

5 ¿Hace buen tiempo en Corea? _______________________________________

2 괄호 안의 동사 원형을 주어에 맞게 변화시키시오.

1 Yo _________ (tener) veintiún años.

2 ¿Cuántos años _________ (tener) vuestro hijo?

3 Nosotros _________ (tener) que ser puntuales.

4 Vosotros _________ (tener) que llamar a la policía.

5 Él _________ (tener) que estudiar mucho para el examen.

6 Los alumnos_________ (tener) que hacer la tarea.

3 괄호 안의 동사 원형을 현재 분사로 변화시키시오.

1 ¿Qué estás_________ (hacer) aquí?

2 Estoy _________ (leer) la lección tres.

3 Ella está _________ (dormir) en su habitación.

4 ¿Qué estáis _________ (preparar)?

5 Estamos _________ (estudiar) las lecciones.

6 ¿Qué está Ud._________ (decir)?

7 Ellas vienen _________ (cantar).

8 Va _________ (anochecer).

4 다음의 문장들을 mucho와 muy를 사용하여 완성하시오.

1 Aquí el clima es_________ suave.

2 En primavera el tiempo es _________ agradable.

3 En Madrid hace _________ viento en primavera.

4 Todavía es _________ temprano.

5 En otoño llueve _________.

6 En mi país hace_________ frío en invierno.

5 다음의 대화를 스페인어로 작문해보시오.

A : 너 여기에서 뭐하고 있니?

B : 내일 배울 수업을 준비하고 있는 중이야.

A : 너는 스페인에 있은 지 얼마나 되니?

B : 여기에 있은 지 두 달 돼. 아직은 스페인어를 잘 이해할 수가 없어.

　　그래서 나는 학과들을 잘 준비해야만 해. 하지만 날씨가 너무 더워서 오늘은 더 공부를 할 수가 없구나.

A : 벌써 여름이야. 너의 나라에서는 여름에 날씨가 어떠니?

B : 여름에 매우 덥고 비가 많이 내려.

A : 마드리드에서도 역시 여름에는 매우 더워. 반면에 겨울에는 추워. 마드리드에는 눈이 거의 오지 않아.

B : 봄과 가을에는 마드리드 날씨가 어떠니?

A : 날씨가 아주 쾌적해. 너의 나라에서는 이 두 계절에 날씨가 어떠니?

B : 날씨가 매우 좋아. 덥지도 춥지도 않아.

양승관의 **기초 스페인어**

08

¿Qué quieren comer?

무엇을 드시기를 원하십니까?

학습 내용

식당에서 주문 표현

문법 사항

인칭 대명사의 직접목적격

인칭 대명사의 간접목적격

서수

불규칙 동사 querer

불규칙 동사 saber와 conocer

¿Qué quieren comer?

José
¡Por favor! ¿Tienen una mesa libre?
여보세요! 빈 식탁이 있나요?

Camarero
Sí, la mesa del rincón está libre.
네. 구석의 식탁이 비어 있어요.

José
¡Camarero, por favor! ¿Nos puede traer el menú?
웨이터! 우리에게 메뉴를 가져다주시겠어요?

Camarero
Un momento. Aquí lo tiene. ¿Qué quieren comer?
잠시만요. 여기 있습니다. 무엇을 드시기를 원하십니까?

José
De primero, una paella valenciana.
전식으로 발렌시아식 빠에야를 원합니다.

De segundo, no sé qué comer. ¿Qué me aconseja usted?
본식으로 무엇을 먹어야 할지 모르겠네. 나에게 무엇을 추천해주시겠어요?

Camarero
Le recomiendo un cordero asado, especialidad de la casa.
당신에게 양고기 구이를 추천합니다. 식당의 특별 메뉴입니다.

José
Bien, de acuerdo. De segundo, un cordero asado.
좋아요. 그렇게 하지요. 본식으로 양고기 구이를 먹겠어요.

Rosa, ¿qué deseas comer?
로사, 너는 무엇을 먹기를 원하니?

Rosa
De primero, una ensalada, y de segundo, un bistec.
나는 전식으로 샐러드를 먹고, 본식으로 비프스테이크를 먹을래.

Camarero
Y de postre, ¿qué desean tomar?
후식으로 무엇을 드시겠어요?

José
Yo, helado de fresa.
저는 딸기 아이스크림을 원합니다.

Rosa	**Yo, fruta del tiempo.**
	저는 제철의 과일을 원합니다.
Camarero	**¿Y para beber?**
	음료수는?
José	**Yo, una botella de vino tinto de la casa.**
	저는 이 식당의 적포도주를 한 병 주세요.
Rosa	**Yo, un zumo de naranja.**
	저는 오렌지 주스 한 잔 주세요.

단어 및 표현 정리

libre 자유의, 비어 있는 **|** **rincón** 구석 **|** **nos** 우리에게(간접목적격 대명사), 우리를(직접목적격 대명사) **|** **traer** 가져오다 **|** **menú** 메뉴(판) **|** **momento** 순간 un momento 잠시만요. **|** **lo** 그것을(직접목적격 대명사) Aquí lo tiene. 여기 있습니다. **|** **quieren** querer(원하다) 동사의 직설법 현재 3인칭 복수 **|** **primero** 첫 번째(의) de primero 전식으로 **|** **paella** 빠에야(쌀, 야채, 고기, 해산물 등을 넣고 찐 밥) **|** **valenciano / a** 발렌시아 (Valencia) 식의 **|** **segundo** 두 번째(의) de segundo 본식으로, 본 메뉴로 **|** **sé** saber(알다) 동사의 직설법 현재 1인칭 단수 No sé qué comer. 나는 무엇을 먹어야 할지 모르겠다. **|** **me** 나에게(간접목적격 대명사), 나를 (직접목적격 대명사) **|** **aconseja** aconsejar(조언하다) 동사의 직설법 현재 3인칭 단수 **|** **le** 그 / 그녀 / 당신에 게(간접목적격 대명사) **|** **recomiendo** recomendar(추천하다) 동사의 직설법 현재 1인칭 단수 **|** **cordero** 양 (고기) **|** **asado** 구운 **|** **especialidad** 특수성, 전공, 특별 메뉴 **|** **casa** 집, 식당 **|** **acuerdo** 의견의 일치 de acuerdo 동의합니다. **|** **desea** desear(원하다) 동사의 직설법 현재 3인칭 단수 **|** **ensalada** 샐러드 **|** **bistec** 비프스테이크 **|** **postre** 디저트, 후식 de postre 후식으로 **|** **helado** 아이스크림 **|** **fresa** 딸기 helado de fresa 딸기 아이스크림 **|** **fruta** 과일 fruta del tiempo 제철의 과일 **|** **beber** 마시다 **|** **botella** 병 **|** **vino** 포도주 **|** **tinto** 적색의 una botella de vino tinto 적포도주 한 병 **|** **zumo** 주스 zumo de naranja 오렌지 주스

1 인칭 대명사의 직접목적격

인칭 \ 수	단수		복수	
1	**me**	나를	**nos**	우리들을
2	**te**	너를	**os**	너희들을
3	**lo**	그를, 당신을, 그것을	**los**	그들을, 당신들을, 그것들을
	la	그녀를, 당신을, 그것을	**las**	그녀들을, 당신들을, 그것들을

도우미

중남미의 여러 국가에서는 "(남성)당신을", "그를" 모두 '**lo**'로 사용하는 반면, 스페인의 수도 마드리드를 포함한 까스띠야(**Castilla**) 지방에서는 "그를", "(남성)당신을"의 직접목적격의 경우 '**le**'를 사용하는 경향이 있다.

1 직접목적격 대명사는 일반적으로 어미 변화한 동사 앞에 위치한다.

Carlos invita a Rosa. 까를로스는 로사를 초대한다.

Carlos la invita. 까를로스는 그녀를 초대한다.

La veo a ella. 나는 그녀를 본다.

▶ 불규칙 동사 **ver**(보다)의 직설법 현재 변화형 : **veo, ves, ve, vemos, veis, ven**

2 부정사 구문과 현재 분사의 경우 조동사와 함께 쓰였을 때 목적격 대명사를 원형 동사와 현재 분사형 뒤에 붙여 쓰기도 하고 조동사 앞에 쓰기도 한다.

Ana desea comprar esta falda. 아나는 이 치마를 사고 싶어 한다.

Ana desea comprarla. 아나는 그것을 사고 싶어 한다.

Ana la desea comprar. 아나는 그것을 사고 싶어 한다.

Juan está leyendo el periódico. 후안은 신문을 읽고 있는 중이다.

Juan está leyéndolo. 후안은 그것을 읽고 있는 중이다.

Juan lo está leyendo. 후안은 그것을 읽고 있는 중이다.

2 인칭 대명사의 간접목적격

인칭 수	단수	복수
1	**me** 나에게	**nos** 우리들에게
2	**te** 너에게	**os** 너희들에게
3	**le(se)** 그에게, 그녀에게, 당신에게	**les(se)** 그들에게, 그녀들에게, 당신들에게

1 간접목적격 대명사도 보통 어미 변화한 동사 앞에 위치한다.

Le escribo una carta a ella. 나는 그녀에게 편지를 쓴다.

El camarero le recomienda una paella. 웨이터는 그에게 빠에야를 추천한다.

El profesor nos explica la historia de España. 교수님은 우리들에게 스페인의 역사를 설명한다.

2 부정사 구문과 현재 분사의 경우 조동사와 함께 쓰였을 때 목적격 대명사를 원형 동사와 현재 분사형 뒤에 붙여 쓰기도 하고 조동사 앞에 쓰기도 한다.

Ana quiere comprar a su niño un libro. 아나는 자기 아이에게 책을 사주기를 원한다.

Ana le quiere comprar un libro. 아나는 그에게 책을 사주기를 원한다.

Ana quiere comprarle un libro. 아나는 그에게 책을 사주기를 원한다.

El profesor está explicando la lección a los estudiantes.

교수님은 학생들에게 학과를 설명하고 있는 중입니다.

El profesor les está explicando la lección. 교수님은 그들에게 학과를 설명하고 있는 중입니다.

El profesor está explicándoles la lección. 교수님은 그들에게 학과를 설명하고 있는 중입니다.

인칭 대명사 간접목적격의 중복형 : 대명사가 누구를 지칭하는지 명확히 밝히기 위해서는 중복형을 사용한다.

Él les regala a ustedes el libro. 그는 당신들에게 책을 선물한다.
El profesor les recomienda a Juan y a Ana un buen libro.

선생님은 후안과 아나에게 좋은 책 한 권을 추천한다.

3 인칭 대명사 직접목적격과 간접목적격이 함께 올 때는 '간접목적격 + 직접목적격'의 순서로 한다.

Juan me presta el lápiz. 후안은 나에게 연필을 빌려준다.

Juan me lo presta. 후안은 나에게 그것을 빌려준다.

Juan lo me presta.(x)

4 인칭 대명사 직접목적격과 간접목적격이 모두 3인칭이면 간접목적격 le와 les는 se로 바뀐다.

Juan le vende una casa. 후안은 그에게 집을 판다.

Juan se la vende. 후안은 그에게 그것을 판다.

Nosotros le damos (a José) una pluma. 우리들은 호세에게 펜을 준다.

Nosotros se la damos (a José). 우리들은 호세에게 그것을 준다.

Ella desea regalar a Carlos el libro. 그녀는 까를로스에게 책을 선물하고 싶어 한다.

Ella desea regalárselo. 그녀는 그에게 그것을 선물하고 싶어 한다.

El profesor les está explicando la lección. 교수님은 그들에게 학과를 설명하고 있는 중입니다.

El profesor se la está explicando.(= El profesor está explicándosela.)

교수님은 그들에게 그것을 설명하고 있는 중입니다.

▶ 불규칙 동사 **dar**(주다)의 직설법 현재 변화형 : **doy, das, da, damos, dais, dan**

3 서수

1° primero	**2° segundo**
3° tercero	**4° cuarto**
5° quinto	**6° sexto**
7° séptimo	**8° octavo**
9° noveno	**10° décimo**
11° undécimo	**12° duodécimo**
13° decimotercero	**14° decimocuarto**
15° decimoquinto	**16° decimosexto**
17° decimoséptimo	**18° decimoctavo**
19° decimonoveno	**20° vigésimo**

1 서수는 명사의 앞과 뒤에 사용이 가능하며 명사의 성·수에 일치시켜야 한다. primero와 tercero 는 남성 단수 명사 앞에서 어미 '-o'를 탈락시킨다. 또한 서수가 명사를 수식하고 있을 때는 그 명사에 정관사가 항상 동반되어야 한다.

el día primero(= el primer día) 첫째 날

el capítulo tercero(= el tercer capítulo) 제3장

Estudiamos la quinta lección. 우리는 제5과를 공부합니다.

2 열한 번째 이상의 서수는 명사 뒤에 기수를 써서 서수를 대신하는 경우가 많다.

el capítulo decimoquinto(= el capítulo quince) 제15장

4 불규칙 동사 querer

동사 querer(원하다, 좋아하다)는 직설법 현재에서 어간 모음 '-e-'가 '-ie-'로 변하는 동사이다. 1, 2 인칭 복수는 어간 모음이 변하지 않음에 주의한다.

인칭 / 수	단수	복수
1	quiero	queremos
2	quieres	queréis
3	quiere	quieren

1 "querer + 동사 원형"은 " ~ 하기를 원하다"라는 의미를 가진다.

¿Quieres ir a España? 너 스페인에 가고 싶니?

Sí, quiero ir allí. 그래, 거기에 가고 싶어.

¿Qué quieres comprar? 무엇을 사기를 원하니?

Quiero comprar este coche. 나는 이 차를 사기를 원한다.

2 동사 querer가 사람에 사용되면 "사랑하다"라는 의미를 가진다.

Te quiero. 나는 너를 사랑한다.

Juan quiere mucho a María. 후안은 마리아를 매우 사랑한다.

다음의 동사들은 querer 동사와 동일한 변화형을 갖는다.

perder 잃다

atender 돌보다

entender 이해하다

encender 불을 붙이다

5 불규칙 동사 saber와 conocer

1 동사 saber의 직설법 현재

(1) 동사 saber는 '어떤 사실, 지식, 정보 등을 알다'라는 의미를 갖는다.

인칭 수	단수	복수
1	sé	sabemos
2	sabes	sabéis
3	sabe	saben

(2) "saber + 동사 원형"은 ' ~ 을 할 줄 알다'라는 의미를 가진다.

Ella sabe tocar el piano. 그녀는 피아노를 칠 줄 안다.

María sabe hablar español. 마리아는 스페인어를 말할 줄 안다.

¿Sabe Ud. jugar al tenis? 당신은 테니스를 칠 줄 압니까?

(3) 의문사와 접속사 'que'를 동반하여 '어떤 사실을 알다'라는 의미로 쓰인다.

¿Sabes dónde está Juan? 후안이 어디에 있는지 아니?

No, no lo sé. 아니요, 모릅니다.

Sé que ella es amable. 나는 그녀가 친절하다는 것을 알고 있다.

(4) " ~ 맛이 나다(saber a)"라는 표현에 사용된다.

Este zumo sabe a naranja. 이 주스는 오렌지 맛이 난다.

Este helado sabe a fresa. 이 아이스크림은 딸기 맛이 난다.

2 동사 conocer의 직설법 현재

Conocer는 '경험으로 알다, 아주 정통하게 알다'라는 의미를 갖는 동사이다. 주로 사람이나 장소를 안다고 할 때 사용한다.

인칭　　　수	단수	복수
1	conozco	conocemos
2	conoces	conocéis
3	conoce	conocen

¿Conoce Ud. a Manolo? 당신은 마놀로를 아십니까?

Sí, lo conozco. 네, 그를 압니다.

Ella también conoce a Manolo. 그녀 역시 마놀로를 (어떤 사람인지) 안다.

Conocemos bien esta ciudad. 우리는 이 도시를 잘 안다.(가 보았다.)

Conozco un restaurante muy bueno. 나는 매우 좋은 레스토랑을 알고 있다.

Juan conoce a fondo la filosofía occidental. 후안은 서양철학을 깊이 알고 있다.

1 다음 A와 B의 각 표현을 연결하여 논리적인 대화를 만드시오.

A

1 ¡Por favor! ¿Me trae el menú?

2 ¿Qué me recomienda usted?

3 Para beber, ¿qué deseas?

4 La cuenta, por favor.

5 ¿Qué vas a tomar de postre?

B

i Un zumo de naranja.

ii Aquí la tiene.

iii Un yogur, por favor.

iv Aquí lo tiene.

v Le recomiendo un bistec.

2 다음 괄호 안에 알맞은 인칭 대명사 직접목적격 또는 간접목적격을 넣으시오.

1 Juan invita a Rosa y a María.

   Juan (   ) invita.

2 María quiere comprar a su mamá una falda.

   María   quiere comprar a su mamá.

3 Los padres les regalan a los niños los juguetes.

   Los padres (   )(   ) regalan.

4 El profesor explica a nosotros la lección.

   El profesor (   )(   ) explica.

5 Mañana devuelvo a vosotros el dinero.

   Mañana (   )(   ) devuelvo.

6 Antonio y Ana les recomiendan esta cafetería.

   Antonio y Ana (   )(   ) recomiendan.

7 El camarero trae a Antonio un vino tinto.

   El camarero (   )(   ) trae.

8 Nosotros estamos esperando el autobús.

   Nosotros (   ) estamos esperando.

3 다음 문장의 빈칸에 saber와 conocer 동사 중 알맞은 동사를 선택하여 문장에 맞도록 변화시키시오.

1 Yo _________ que este señor es muy bueno.
2 Juan y María _________ hablar español.
3 Yo _________ a Carlos.
4 Nosotros _________ esta ciudad.
5 ¿_________ Ud. jugar al tenis?
6 Ella _________ tocar el piano.
7 Vosotros _________ un restaurante muy bueno.
8 ¿_________ tú dónde está Juan?

4 다음의 대화를 스페인어로 작문해보시오.

A : 빈 식탁이 있나요?

B : 네. 구석의 식탁이 비어 있어요.

A : 제게 메뉴를 가져다주시겠어요?

B : 잠시만요. 여기 있습니다. 무엇을 드시기를 원하십니까?

A : 전식으로 발렌시아식 빠에야를 원합니다. 본식으로 무엇을 먹어야 할지 모르겠네요.
　　제게 무엇을 추천해주시겠어요?

B : 당신에게 식당의 특별 메뉴인 양고기 구이를 추천합니다.

A : 좋아요. 본식으로 그것을 먹겠어요.

B : 후식으로 무엇을 드시겠어요?

A : 딸기 아이스크림을 주세요.

B : 음료수는 무엇으로 하시겠어요?

A : 오렌지 주스 한 잔 주세요.

양승관의 **기초 스페인어**

09

Me levanto temprano.

저는 일찍 일어납니다.

학습 내용

하루의 생활과 관련된 표현

문법 사항

재귀 대명사와 재귀 동사
동사 gustar의 용법
인칭 대명사 전치격

Me levanto temprano.

Ana

Hoy es viernes, y mañana ya es fin de semana.

오늘은 금요일이고 내일은 벌써 주말이야.

Luis, ¿qué haces el fin de semana?

루이스, 주말에 뭐하니?

Luis

Normalmente, los sábados me levanto temprano.

일반적으로 토요일마다 나는 일찍 일어나.

Por la mañana hago la limpieza y la compra.

오전에는 청소와 쇼핑을 하지.

Por la tarde leo un poco y escucho música.

오후에는 독서를 조금 하고 음악을 들어.

Los domingos voy al parque para pasear y correr.

일요일마다 산보하고 뛰기 위해 공원에 가.

Y luego paso la tarde en casa y me acuesto pronto.

그러고 나서 집에서 오후를 보내고 일찍 잠자리에 들어.

Y tú, ¿qué haces el fin de semana?

너는 주말에 뭐하니?

Ana

Los sábados por la tarde, siempre voy al cine.

토요일 오후에는 항상 영화관에 가.

A mí me gusta mucho la película.

나는 영화를 매우 좋아해.

Los domingos por la noche ceno fuera con mi familia.

일요일 저녁에는 식구들과 함께 밖에서 저녁을 먹어.

Pero este fin de semana, tengo que preparar el examen.

그러나 이번 주말에는 시험 준비를 해야만 해.

Luis **¡Qué lástima! ¿Cuándo es el examen?**

정말 안됐구나! 시험이 언제인데?

Ana **El próximo lunes.**

다음 주 월요일이야.

Luis **Te deseo mucha suerte.**

네게 행운이 많기를 바라.

Ana **Gracias.**

고맙다.

단어 및 표현 정리

fin 끝, 마지막 el fin de semana 주말 | **normalmente** 정상적으로, 일반적으로 | **me levanto** levantarse(일어나다) 재귀 동사의 직설법 현재 1인칭 단수 | **temprano** 일찍, 이른 | **limpieza** 청소 | **compra** 쇼핑 Hago la limpieza y la compra. 나는 청소와 쇼핑을 한다. cf. Voy de compras. 나는 쇼핑 갑니다. | **leo** leer(읽다) 동사의 직설법 현재 1인칭 단수 | **escucho** escuchar (듣다) 동사의 직설법 현재 1인칭 단수 | **música** 음악 | **porque** 왜냐하면 | **pasear** 산보하다 | **correr** 뛰다, 달리다 | **paso** pasar(보내다, 지나다) 동사의 직설법 현재 1인칭 단수 | **me acuesto** acostarse(잠자리에 들다) 재귀 동사의 직설법 현재 1인칭 단수 | **siempre** 항상 | **cine** 영화관 | **mí** 나(yo)의 전치격 인칭 대명사 a mí 나에게, 나를 | **gusta** gustar(좋아하다) 동사의 직설법 현재 3인칭 단수 | **película** 영화 | **ceno** cenar(저녁을 먹다) 동사의 직설법 현재 1인칭 단수 | **fuera** 밖에서 | **lástima** 유감스러움 ¡Qué lástima! 정말 안됐구나! | **próximo / a** 인접한, 다음의 El próximo lunes 다음 주 월요일에 | **deseo** desear(원하다) 동사의 직설법 현재 1인칭 단수 | **suerte** 운, 행운 Te deseo mucha suerte. 네게 행운이 많기를 바라.

Me levanto temprano.

1 재귀 대명사와 재귀 동사

1 재귀 대명사 se

재귀 대명사 se는 "자기 자신"을 나타내는 대명사로 내용상 직접목적격(자기 자신을) 또는 간접목적격(자기 자신에게)으로 사용된다. 재귀 대명사 se의 변화형은 다음과 같다.

인칭 \ 수	단수		복수	
1	me	나 자신을 / 에게	nos	우리 자신을 / 에게
2	te	너 자신을 / 에게	os	너희들 자신을 / 에게
3	se	그 남자, 그 여자, 당신 자신을 / 에게	se	그 남자들, 그 여자들, 당신들 자신을 / 에게

2 재귀 동사

재귀 동사는 대부분 타동사에 재귀 대명사 se를 합쳐 만든다. 재귀 동사는 의미상으로 주어가 행하는 행동이 자기 자신에게 되돌아가게 해주는 동사이다. '일으키다'라는 의미의 타동사 levantar의 경우, 재귀 대명사 se를 합쳐 levantarse라는 재귀 동사를 만들면 일으키는 행위의 대상이 자신이 되어 '자신을 일으키다', 즉 '일어나다'라는 의미의 자동사가 된다. 재귀 대명사는 동사 변화형 앞에 위치한다.

인칭 \ 수	단수	복수
1	me levanto	nos levantamos
2	te levantas	os levantáis
3	se levanta	se levantan

¿A qué hora te levantas? 너는 몇 시에 일어나니?

Me levanto a las siete. 나는 7시에 일어납니다.

¿Se levanta temprano? 당신은 일찍 일어나십니까?

No, me levanto tarde. 아니오, 나는 늦게 일어납니다.

¿A qué hora os acostáis? 너희들은 몇 시에 잠자리에 드니?

Nos acostamos a las doce. 우리들은 12시에 잠자리에 듭니다.

다음의 동사들도 타동사에 재귀 대명사가 붙은 경우이다.

acostar 눕히다	**acostarse** 눕다
bañar 목욕시키다	**bañarse** 목욕하다
duchar 샤워시키다	**ducharse** 샤워하다
despertar 깨우다	**despertarse** 깨다
peinar 머리를 빗어주다	**peinarse** 머리 빗다
alegrar 기쁘게 하다	**alegrarse** 기쁘다
casar 결혼시키다	**casarse** 결혼하다
sentar 앉히다	**sentarse** 앉다
quitar 치우다, 제거하다	**quitarse** 벗다(의복, 장신구 등을)
poner 놓다, 두다	**ponerse** 입다(의복, 장신구 등을)
lavar 씻다, 닦다	**lavarse** 씻다(자신의 신체 부분을)

Mario se baña con agua fría. 마리오는 찬물로 목욕한다.

¿Cuándo te duchas? 너는 언제 샤워를 하니?

Me ducho por la mañana. 나는 아침에 샤워를 한다.

Me despierto temprano por la mañana. 나는 아침 일찍 깬다.

Él no se peina. 그는 머리를 빗지 않는다.

Me alegro de ver a Carmen. 나는 까르멘을 보아서 기쁘다.

Juan se casa con María. 후안은 마리아와 결혼한다.

Ella se sienta aquí. 그녀는 여기에 앉는다.

Antonio se quita la camisa. 안또니오는 셔츠를 벗는다.

José se pone el sombrero. 호세는 모자를 쓴다.

Me lavo la cara. 나는 세수를 한다.

도우미

자동사에 재귀 대명사가 붙어 의미가 강조되는 경우가 있다.

quedarse 남다, 머물다　　　**irse** 가버리다　　　**dormirse** 잠들어버리다

2 동사 gustar의 용법

1 동사 gustar는 "~ 을 좋아하다"라는 표현을 할 때 쓰이는 동사로, 여타의 동사들과 사용법이 다르다. "나는 이 꽃을 좋아한다"라고 표현할 경우 "Yo gusto esta flor"라고 하지 않고 "Me gusta esta flor"라고 해야 한다. 이때 문법적인 주어는 esta flor이고 의미상의 주어는 주격이 아닌 간접목적격(me, te, le, nos, os, les) 대명사를 취해야 한다. 그래서 위의 예문을 직역하면, "이 꽃이 나에게 즐거움을 준다"가 되지만 실제 번역은 "나는 이 꽃을 좋아한다"로 한다. 동사는 문법적인 주어에 일치시켜야 한다.

Me gusta el café con leche. 나는 밀크커피를 좋아한다.

Nos gustan las flores. 우리는 꽃들을 좋아한다.

Me gustan los niños. 나는 아이들을 좋아한다.

Le gusta la música. 그는 음악을 좋아한다.

Te gusta el deporte. 너는 운동을 좋아한다.

¿Te gustan los chicos guapos? 너는 잘생긴 소년들을 좋아하지?

2 원형 동사도 gustar 동사의 문법적인 주어가 될 수 있다.

¿Os gusta ir al cine? 너희들은 영화관에 가는 것을 좋아하니?

Sí, nos gusta ir al cine. 그래, 우리들은 영화관에 가는 것을 좋아해.

¿Qué te gusta? 너는 무엇을 좋아하니?

Me gusta jugar al fútbol. 나는 축구하는 것을 좋아해.

Me gusta mucho hacer deporte. 나는 운동하는 것을 매우 좋아한다.

Me gusta cantar y bailar. 나는 노래하고 춤추는 것을 좋아한다.

> **도우미** 접속사 **y**로 연결된 원형 동사들이 **gustar**의 문법적 주어가 되는 경우 복수형이 아닌 단수형으로 일치시키는 것이 일반적이다.

3 문법적인 목적어로 쓰인 간접목적격 대명사의 뜻을 강조하거나 명확히 밝힐 필요가 있을 때 중복형(a mí, a ti, a él 등)을 사용한다. 이때 중복형은 gustar 동사 뒤나 간접목적격 대명사 앞에 위치할 수 있다.

Me gusta a mí la música. 나는 음악을 좋아한다.(= A mí me gusta la música.)

Le gusta a Carmen la rosa. 까르멘은 장미를 좋아한다. (= A Carmen le gusta la rosa.)

4 부정문의 경우 부정어 'no'를 간접목적격 대명사 앞에 사용하며, 중복형이 함께 올 경우에는 중복형이 맨 앞에 위치한다.

¿Te gusta ver la televisión? 너는 텔레비전 보는 것을 좋아하니?

No, no me gusta ver la televisión. 아니, 나는 텔레비전 보는 것을 좋아하지 않아.

A nosotros no nos gusta el fútbol. 우리들은 축구를 좋아하지 않는다.

A Juan y a Carmen no les gusta la gramática. 후안과 까르멘은 문법을 좋아하지 않는다.

<table>
<tr><td>도우미</td><td>

동사 **gustar**와 같은 구조를 취하는 동사로 **encantar**('매혹시키다', '매우 좋아하다')가 있다 (11과 참조).

¿Te encantan las fiestas? 너는 축제들을 매우 좋아하니?

Sí, me encantan las fiestas. 그래, 나는 축제들을 매우 좋아해.

</td></tr>
</table>

3 인칭 대명사 전치격

1 인칭 대명사가 전치사와 함께 쓰일 경우 전치격을 사용한다. 예로, 전치사 de와 함께 사용해보자.

de mí	**de nosotros(-as)**
de ti	**de vosotros(-as)**

de él	de ellos
de ella	de ellas
de usted	de ustedes

El español y el inglés son muy importantes para mí.
스페인어와 영어는 나에게 있어서 대단히 중요하다.

Él siempre piensa en ti. 그는 항상 너를 생각한다.

Este coche es de él. 이 차는 그의 것이다.

La casa es para mí. 그 집은 나를 위한 것이다.

No puedo vivir sin ti. 나는 너 없이 살 수가 없다.

2 전치사 con이 mí나 ti와 함께 올 경우 각각 conmigo와 contigo의 형태를 취한다.

Roberto canta conmigo. 로베르또는 나와 함께 노래한다.

¿Estudia Juan contigo? 후안이 너와 함께 공부하니?

Sí, estudia conmigo. 그래, 그는 나와 함께 공부해.

3 전치사 con이 3인칭 대명사와 함께 쓰일 경우 두 가지 형태가 가능하다(con él / ella / Ud. /
ellos / ellas / Uds.와 consigo). 그러나 그 의미는 차이가 있다.

José lleva la maleta con él. 호세는 그와 함께 가방을 들고 간다.

José lleva la maleta consigo. 호세는 자신이 손수 가방을 들고 간다.

1 〈보기〉와 같이 다음 문장들에 대답해보시오.

| 보기 | ¿Te gusta la música? <u>Sí, me gusta la música.</u> |

1 ¿Te gusta leer? _______________

2 ¿Te gusta viajar? _______________

3 ¿Os gusta ir al cine? _______________

4 ¿Le gusta el fútbol? _______________

5 ¿Les gusta pasear? _______________

6 ¿Os gustan las flores? _______________

7 ¿Te gusta el deporte? _______________

8 ¿Le gustan los niños? _______________

2 괄호 안에 간접목적격 대명사를 알맞게 넣으시오.

1 A mí (   ) gusta pasear.

2 A María (   ) gusta ir al parque.

3 A mis amigos (   ) gustan los zumos de fruta.

4 A ellas (   ) gusta la música.

5 A vosotros (   ) gusta el fútbol.

6 A ti (   ) gusta viajar.

7 A nosotros (   ) gusta ir de compras.

8 A Juan (   ) gusta leer.

3 괄호 안에 재귀 대명사를 알맞게 넣으시오.

1 ¿A qué hora (　　　　) levantas?

2 (　　　　) levanto a las ocho de la mañana.

3 (　　　　) levantamos muy tarde.

4 ¿A qué hora (　　　　) acostáis?

5 (　　　　) acostamos a las once de la noche.

6 (　　　　) acostáis muy pronto.

7 A : ¿Cómo (　　　　) llamas?

　B : (　　　　) llamo Minsu.

4 다음의 대화를 스페인어로 작문해보시오.

A : 오늘은 금요일이고 내일은 벌써 주말이야.

B : 너는 주말에 뭐하니?

A : 일반적으로 매주 토요일에는 일찍 일어나. 오전에는 청소와 쇼핑을 해.

　오후에는 독서를 조금 하고 음악을 들어. 매주 일요일 아침에는 산보하고 뛰러 공원에 가지.

　그리고 나서 집에서 오후를 보내고 일찍 잠자리에 들어. 너는 주말에 뭐하니?

B : 매주 토요일 오후에는 항상 영화관에 가지. 나는 영화를 매우 좋아해.

　매주 일요일마다 저녁에는 가족들과 밖에서 저녁식사를 해.

　그러나 이번 주말에는 시험을 준비해야 해.

A : 정말 안됐구나! 시험이 언제인데?

B : 다음 주 월요일이야.

A : 네게 행운이 많기를 바란다.

B : 고맙다.

양승관의 **기초 스페인어**

10

Vale diez euros.

10유로입니다.

학습 내용

시장 보기와 관련된 표현

문법 사항

동사 parecer

'-mente' 부사

불규칙 동사 preferir

비교어 (형용사의 비교 / 형용사의 절대 최상급 / 명사의 비교)

Vale diez euros.

Ramón ¿Cómo está el frigorífico, Rosa?

로사, 냉장고가 어떤 상태니?

Rosa Está vacío. Solamente hay una botella de leche.

비어 있어. 단지 우유 한 병이 있어.

Ramón ¿Qué te parece si vamos al mercado para comprar algo?

뭔가를 사러 시장에 가는 게 어때?

Rosa Me parece bien. Vamos al mercado.

좋다고 생각해. 시장에 가자.

...

Dependiente ¡Hola! ¿Qué desea?

안녕하세요! 무엇을 원하십니까?

Rosa Dos kilos de carne, por favor. ¿Cuánto vale?

고기 2킬로그램 주세요. 얼마입니까?

Dependiente Vale diez euros.

10유로입니다.

...

Ramón ¿Tienen merluza fresca?

신선한 대구 있습니까?

Empleada Sí. Es ésta de aquí.

네. 여기 이것입니다.

| Ramón | **¿A cuánto está el kilo?** |

킬로그램당 얼마입니까?

| Empleada | **A 8 euros el kilo.** |

킬로그램당 8유로입니다.

| Ramón | **Está carísima. Prefiero comprar algo menos caro.** |

너무 비싸네요. 덜 비싼 뭔가를 사기를 원해요.

| Empleada | **El salmón es más barato que la merluza.** |

연어가 대구보다 더 쌉니다.

Está a 6 euros el kilo.

킬로그램당 6유로입니다.

| Ramón | **Entonces un kilo de salmón, por favor.** |

그러면 연어 1킬로그램 주세요.

단어 및 표현 정리

frigorífico 냉장고 | **vacío / a** 비어 있는 Está vacío. 비어 있다. | **solamente** 단지, 오직 | **leche** 우유 | **mercado** 시장 | **algo** 어떤 것, 뭔가 Vamos al mercado para comprar algo. 뭔가를 사러 시장에 가자. | **parece** ~ 으로 보이다, 생각되다 ¿Qué te parece? 너 어떻게 생각하니? Me parece bien 나는 좋다고 생각해. | **dependiente** 점원 | **kilo** 킬로그램(= kilogramo) | **manzana** 사과 | **vale** valer(값이 나가다) 동사의 직설법 현재 3인칭 단수 ¿Cuánto vale esto? 이것은 얼마입니까? cf. ¿A cuánto está el kilo? 킬로그램당 얼마입니까? A 4 euros el kilo. 킬로그램당 4유로입니다. | **euro** 유로화(유럽 연합의 공식 화폐 단위) | **merluza** 대구(생선) | **fresco / a** 신선한 | **carísimo / a** 아주 비싼, 최고로 비싼('caro'의 절대 최상급) | **prefiero** preferir(더 좋아하다) 동사의 직설법 현재 1인칭 단수 | **menos** 덜 | **caro / a** 비싼 | **salmón** 연어 | **barato / a** 싼 El salmón es más barato que la merluza. 연어가 대구보다 더 쌉니다.

Vale diez euros.

1 동사 parecer

1 "~처럼 보이다" 혹은 "~같이 생각되다(의견을 말할 때)"라는 표현에 동사 parecer를 사용한다. 의견의 주체를 나타내는 인칭 대명사 간접목적격과 함께 사용될 수 있다. 간접목적격을 사용하지 않으면 무인칭 표현이 된다. 즉, 확정된 주어가 있는 것이 아니라 '일반적으로 그렇다'는 의미를 갖게 된다.

Me parece que Juan es inteligente. 나에게는 후안이 똑똑한 것처럼 보인다.

Parece que Juan no viene. 후안은 오지 않을 것처럼 보인다.(일반적인 의견)

¿Te parece que Ana viene ahora? 너는 아나가 지금 올 것이라 생각하니?

¿Qué te parece esto? 너는 이것을 어떻게 생각하니?

Me parece muy bien. 나는 매우 좋다고 생각해.

¿Qué te parecen los coreanos? 너는 한국인을 어떻게 생각하니?

Me parecen simpáticos. 나는 한국인들이 친절하다고 생각해.

¿Qué te parece esta falda? 이 치마 어떻게 생각하니?

Me parece muy bonita. 매우 예쁘다고 생각해.

2 "¿Qué te(os, le, les) parece si~?"는 "만일 ~ 이면 너(너희들, 그 / 그녀 / 당신, 그들 / 그녀들 / 당신들)에게는 어떨 것 같니?" 즉, " ~ 하는 게 어때?"라는 권유의 표현이다.

¿Qué te parece si tomamos vino? 우리 포도주 마시는 게 어때?

Me parece bien. 나는 좋다고 생각해.

2 '-mente' 부사

1 '-o'로 끝난 형용사는 '-o'를 '-a'로 바꾸어 '-mente'를 붙이고, '-o'가 아닌 철자로 끝난 형용사는
그대로 어미에 '-mente'를 붙여 부사를 만든다.

solo 오직 하나의	▶	**solamente** 오직, 단지	
cómodo 편한	▶	**cómodamente** 편하게	
feliz 행복한	▶	**felizmente** 행복하게	
difícil 어려운	▶	**difícilmente** 어렵게	
claro 명확한	▶	**claramente** 명확하게	
necesario 필요한	▶	**necesariamente** 필요하게	
fácil 쉬운	▶	**fácilmente** 쉽게	
general 일반적인	▶	**generalmente** 일반적으로	

2 2개 이상 '-mente'가 붙은 부사가 연결될 경우, 맨 마지막 것을 제외하고 앞의 것들은 '-mente'
를 생략한다. 이때 '-o'로 끝난 형용사라면 그 '-o'는 '-a'로 바꾸어야 한다.
El profesor habla clara y lentamente. 교수님은 명확하게 그리고 천천히 말하신다.

3 불규칙 동사 preferir

동사 preferir(더 좋아하다)는 직설법 현재에서 어간 모음 '-e-'가 '-ie-'로 변하는 동사이다. 단 1,
2인칭 복수는 어간 모음이 변하지 않음에 주의한다.

인칭 \ 수	단수	복수
1	prefiero	preferimos
2	prefieres	preferís
3	prefiere	prefieren

1 "preferir + 동사 원형" : ' ~ 하기를 더 원하다'
Prefiero tomar una cerveza. 나는 맥주 한 잔 마시는 게 더 좋다.

2 "preferir A a B"는 'B보다 A를 더 좋아하다'라는 의미를 가진다.
Prefiero el café al vino. 나는 포도주보다 커피를 더 좋아한다.

다음의 동사들은 preferir 동사와 동일한 변화형을 갖는다.

mentir 거짓말하다　　　　　　　　　　**divertir** 즐거움을 주다

convertir 변화시키다　　　　　　　　　**sentir** 느끼다

4 비교어

1 형용사의 비교

형용사의 비교에는 우등 비교급, 열등 비교급, 우등 최상급, 열등 최상급 그리고 절대 최상급이 있다.

(1) 우등 비교급 : "más + 형용사 + que"로 구성된다.

María es más simpática que Ana. 마리아는 아나보다 더 마음씨가 좋다.

Juan es más inteligente que Pedro. 후안은 뻬드로보다 더 영리하다.

(2) 열등 비교급 : "menos + 형용사 + que"로 구성된다.

Su hijo es menos alto que mi hija. 그의 아들은 나의 딸보다 덜 크다.

Mi madre es menos gorda que yo. 나의 어머니는 나보다 덜 뚱뚱하다.

(3) 우등 최상급 : "정관사(el / la) + más + 형용사 + 전치사(de, entre)"로 구성된다.

Este coche es el más caro de todos. 이 차는 모든 차들 중에 가장 비싸다.

Juana es la más bonita entre sus amigas. 후아나는 자기 친구들 중에서 가장 예쁘다.

Mi hijo es el más listo de la clase. 나의 아들은 학급에서 가장 똑똑하다.

(4) 열등 최상급 : "정관사(el / la) + menos + 형용사 + 전치사(de, entre)"로 구성된다.

Ella es la menos alta de la clase. 그녀는 교실에서 가장 키가 작다.

Este jardín es el menos hermoso entre todos. 이 정원은 모든 정원들 중에서 가장 예쁘지 않다.

(5) 동등 비교급 : "tan + 형용사 + como"로 구성된다.

José es tan alto como su hermano. 호세는 그의 형만큼 키가 크다.

Rosa es tan inteligente como María. 로사는 마리아만큼 똑똑하다.

2 형용사의 절대 최상급

다른 것과 비교하는 것이 아니고 형용사를 강조하는 표현이다. 형용사에 '-ísimo'를 붙여 만드는데, 자음으로 끝나는 형용사는 형용사 뒤에 '-ísimo'를 붙이고, 모음으로 끝나는 형용사는 모음을 떼고 '-ísimo'를 붙인다. 명사의 성·수에 일치해야 한다. "muy + 형용사"도 절대 최상급이다.

fácil 쉬운

facilísimo 매우 쉬운(=muy fácil)

difícil 어려운

dificilísimo 아주 어려운(= muy difícil)

caro 비싼

carísimo 극히 비싼(= muy caro)

bueno 좋은

buenísimo. 아주 좋은(= muy bueno)

Muchísimas gracias. 정말로 대단히 감사합니다.

3 명사의 비교

명사의 비교에는 más, menos와 tanto가 사용되는데, tanto는 성·수 변화를 한다.

(1) 우열의 비교 : "más / menos + 명사 + que"로 구성된다.

Antonio tiene más libros que su profesor. 안또니오는 그의 선생님보다 책을 더 많이 가지고 있다.

Yo tengo menos cuadernos que tú. 나는 너보다 공책을 덜 가지고 있다.

(2) 동등의 비교 : "tanto + 명사 + como"로 구성된다.

Ana tiene tantas novelas como su hermana. 아나는 자기 여동생만큼 소설책을 가지고 있다.

Ella tiene tantos problemas como su esposo. 그녀는 자기 남편만큼 문제를 가지고 있다.

도우미

i) "**más / menos de + 수량**"은 " ~ 이상 / ~ 이하"의 의미를 가진다.
Mi profesor tiene más de mil libros. 나의 교수님은 천 권 이상의 책을 가지고 계신다.
Tengo menos de diez euros. 나는 10유로 이하를 가지고 있다.

ii) "**no…más que**"는 ' ~ 밖에 아니다', '단지 ~ 이다'라는 의미를 가진다.
José no tiene más que 20 euros. 호세는 20유로밖에 없다.
Ella no tiene más que dos hijas. 그녀는 딸이 둘밖에 없다.

Vale diez euros.

1 다음 형용사를 '–mente' 부사로 바꾸시오.

1 solo   (   )
2 claro   (   )
3 feliz   (   )
4 fácil   (   )
5 cómodo   (   )
6 difícil   (   )
7 general   (   )
8 necesario   (   )

2 〈보기〉와 같이 다음 문장들을 연습해보시오.

보기	Este niño es simpático. / aquél <u>Aquél es más simpático que éste.</u>

1 Aquella niña es bonita. / ésta   _______________________
2 Este hotel es caro. / aquél   _______________________
3 Juan es guapo. / Pedro   _______________________
4 Esa casa es grande. / ésta   _______________________
5 Este señor es rico. / aquél   _______________________
6 María es inteligente. / Carmen   _______________________
7 Aquel hombre es pobre. / ése   _______________________
8 Esa mujer es alta. / ésta   _______________________

3 〈보기〉와 같이 다음 문장들을 연습해보시오.

| 보기 | Aquel hombre es alto. / éste <u>Sí, es tan alto como éste.</u> |

1 Aquella silla es pequeña. / ésta

2 Aquel estudiante es inteligente. / éste

3 Aquel pescado es caro. / éste

4 Aquella chica es baja. / ésta

5 Aquellas casas son bonitas. / éstas

6 Aquel chico es guapo. / éste

4 다음의 대화를 스페인어로 작문해보시오.

A : 무엇을 원하십니까?

B : 고기 2킬로그램 주세요. 얼마입니까?

A : 10유로입니다.

B : 신선한 대구 있습니까?

A : 네, 여기 이것입니다.

B : 킬로그램당 얼마입니까?

A : 킬로그램당 8유로입니다.

B : 너무 비싸네요. 덜 비싼 뭔가를 사기를 원해요.

A : 연어는 대구보다 더 쌉니다. 킬로그램당 6유로입니다.

B : 그러면 연어 1킬로그램 주세요.

양승관의 **기초 스페인어**

11

Me quedan bien.
저에게 잘 맞습니다.

학습 내용
상점에서의 대화 표현

문법 사항
관계 대명사 que
관계 대명사 quien
형용사의 불규칙 비교급
역구조 동사

Julia　Quiero comprar unos zapatos.

구두를 사고 싶습니다.

Me gusta el modelo que está en el escaparate.

진열장에 있는 모델이 좋아요.

Dependiente　¿Qué número calza usted?

몇 사이즈 신으세요?

Julia　El 35.

35사이즈입니다.

Dependiente　A ver cómo le quedan estos zapatos.

이 구두가 당신에게 맞는지 봅시다.

Julia　Me quedan un poco pequeños.

제게 약간 작습니다.

¿No tienen otro número mayor?

다른 큰 사이즈 없습니까?

Dependiente　No, lo siento. ¿Por qué no se prueba estos amarillos?

없습니다. 미안합니다. 이 노란 구두를 신어보는 것은 어떨지요?

Son mucho más cómodos y de mejor calidad.

훨씬 더 편안하고 질이 좋습니다.

Julia　Sí, es verdad. Pero el color no me gusta.

네, 정말 그렇군요. 그러나 색깔이 마음에 들지 않아요.

Dependiente　¿De qué color los quiere?

무슨 색깔의 구두를 원하세요?

Julia | **Los quiero marrones.**
밤색 구두를 원합니다.

Dependiente | **Un momento. Aquí los tiene. ¿Cómo le quedan?**
잠시만요. 여기 있습니다. 당신에게 어떻습니까?

Julia | **Me quedan bien. Los compro.**
잘 맞는군요. 그것을 사겠어요.

Dependiente | **¿Paga usted con dinero o con tarjeta de crédito?**
현금으로 계산하시겠어요 또는 신용카드로 계산하시겠어요?

Julia | **Con dinero. Aquí tiene.**
현금으로 계산하겠습니다. 여기 있어요.

단어 및 표현 정리

zapato 구두 unos zapatos 구두 한 켤레 | **modelo** 모델 | **escaparate** 진열장 | **calza** calzar(신다) 동사의 직설법 현재 3인칭 단수 ¿Qué número calza usted? 몇 사이즈를 신으세요? | **ver** 보다(원형 동사) a ver 어디 봅시다. | **quedar** (신발, 의류 등이) 맞다, 어울리다(원형 동사) ¿Cómo le quedan estos zapatos? 당신에게 이 구두가 어떻습니까? Me quedan bien. 내게 잘 맞습니다. | **mayor** 보다 큰(grande의 우등 비교급) ¿No tienen otro número mayor? 다른 큰 사이즈가 없습니까? | **siento** sentir(느끼다, 유감이다) 동사의 직설법 현재 1인칭 단수 Lo siento. 미안합니다, 유감입니다. | **por qué no** 왜 ~ 하지 않습니까?, ~ 하는 것이 어떤가요? | **se prueba** probarse(신어보다, 입어보다) 동사의 직설법 현재 3인칭 단수 | **amarillo / a** 노란색(의) ¿Por qué no se prueba estos zapatos amarillos? 이 노란 구두를 신어보시는 것은 어떤가요? | **cómodo / a** 편안한 | **mejor** 보다 나은(bueno의 우등 비교급) | **calidad** 질 | **color** 색깔 | **marrón** 밤색(의) | **pagar** 계산하다, 지불하다 | **dinero** 돈 | **tarjeta** 카드 | **crédito** 신용 ¿Paga con dinero o con tarjeta de crédito? 현금으로 지불하시겠습니까, 신용카드로 지불하시겠습니까?

1 관계 대명사 que

관계 대명사는 접속사의 일종으로 관계절을 이끈다. 관계절은 형용사나 형용사구가 표현하지 못하는 내용을 문장의 형태로 명사나 대명사를 수식하는 형용사절이다.

1 관계 대명사 que는 사람과 사물에 쓰이며 성·수 변화를 하지 않는다.

El libro que está aquí es caro. 여기 있는 책은 비싸다.

Ellos tienen un coche que gasta mucha gasolina. 그들은 휘발유가 많이 소비되는 차를 가지고 있다.

La función que empieza a las ocho es para niños. **8**시에 시작하는 공연은 어린이들을 위한 것이다.

La lección que estudiamos hoy es muy fácil. 우리가 오늘 공부하는 과는 매우 쉽다.

도우미	영어는 관계 대명사를 생략하는 경우가 많지만 스페인어는 생략이 불가능하다. **El libro que quiero comprar.** 내가 사기를 원하는 책 **The book I want to buy.** 내가 사기를 원하는 책

2 관계 대명사 que가 사람에 사용될 때는 주격과 직접목적격의 경우이다.

El señor que está en el jardín es mi tío. (주격) 정원에 있는 분은 나의 삼촌이다.

La señora que vas a ver es profesora de español.

(직접목적격) 네가 만나려는 부인이 스페인어 선생님이다.

3 문장의 내용에 따라 전치사를 동반하기도 한다.

El bolígrafo con (el) que escribo es un regalo de mi novia.

내가 쓰고 있는 볼펜은 애인으로부터 받은 선물이다.

La casa en (la) que vivimos está cerca del centro. 우리가 살고 있는 집은 시내 근처에 있습니다.

4 관계 대명사가 이끄는 관계절은 제한적 용법과 설명적 용법으로 나눌 수 있다.

(1) 제한적(한정적) 용법 : 관계절이 선행사를 구체화시키고 한정한다.

Los chicos que viven lejos llegan tarde.

멀리 살고 있는 아이들은 늦게 도착한다.(멀리 살고 있지 않은 아이들이 있다.)

(2) 설명적(계속적) 용법 : 관계절이 선행사 전체를 언급하여 설명한다.

Los chicos, que viven lejos, llegan tarde.

멀리 살고 있는 아이들은 늦게 도착한다. (아이들 모두 멀리 살고 있어서 늦게 도착한다.)

2 관계 대명사 quien

1 선행사가 사람일 경우 사용한다. 이때 조건이 따른다. 주격인 경우 설명적 용법으로만 사용한다.

한정적 용법으로 사용할 경우 que를 사용한다.

Mi amigo, quien está en Madrid, va a venir a Corea. 내 친구는 마드리드에 있는데 한국에 올 것이다.

Hoy visito a mis abuelos, quienes viven en el pueblo.

나는 오늘 나의 조부모님을 방문하는데, 그들은 시골에 사신다.

El hombre, quien habla inglés, es mi profesor. 영어를 말하는 사람이 나의 선생님이다.

El hombre que habla inglés es mi profesor. (문법적)

El hombre quien habla inglés es mi profesor. (비문법적)

La señorita con quien hablo es la novia de mi amigo. 내가 이야기하고 있는 아가씨는 내 친구의 애인이다.

¿Conoce Ud. a la señorita en quien estoy pensando? 내가 생각하고 있는 그 아가씨를 당신은 아십니까?

Conozco a la chica por quien pregunta usted. 당신이 물어보고 있는 소녀를 나는 알고 있다.

3 선행사의 의미를 내포하여 사용하기도 한다.

Quien habla mucho sabe poco. 말을 많이 하는 사람은 아는 것이 없다.

Quien lo sabe mejor es este hombre. 그것을 가장 잘 알고 있는 사람이 이 사람이다.

(= Este hombre es quien lo sabe mejor.)

3 형용사의 불규칙 비교급

형용사	비교급
bueno 좋은	**mejor** 보다 좋은
malo 나쁜	**peor** 보다 나쁜
grande 큰	**mayor, más grande** 더 큰
pequeño 작은	**menor, más pequeño** 더 작은

1 mejor와 peor 사용법

(1) 형용사로 사용되어 성 변화 없이 수 변화만 한다.

Esta cama es mucho mejor que aquélla. 이 침대는 저 침대보다 훨씬 더 좋다.

No hay un cuarto peor que éste. 이 방보다 더 나쁜 방은 없다.

Juan trabaja peor que tú. 후안은 너보다 일을 못한다.

도우미	부사의 불규칙 비교급	
	부사	**비교급**
	bien 좋게	**mejor** 보다 좋게
	mal 나쁘게	**peor** 보다 나쁘게

(2) 최상급을 표현할 때는 정관사를 사용한다.

Es la mejor alumna de la escuela. 그녀는 학교에서 가장 훌륭한 여학생이다.

Es el peor hotel de la ciudad. 시에서 가장 나쁜 호텔이다.

2 mayor와 menor 사용법

(1) grande와 pequeño는 2개의 비교급 형태를 가질 수 있다. 하나는 más를 붙여서 비교급을 만드는 방법인데, 주로 크기를 비교할 때 쓰인다. 또 다른 하나는 mayor와 menor를 사용하는 것인데, 연령을 비교할 때 주로 사용한다.

España es más grande que Corea. 스페인은 한국보다 더 크다.

Corea es más pequeño que México. 한국은 멕시코보다 더 작다.

Yo soy mayor que tú. 나는 너보다 나이가 많다.

Ella es menor que nosotros. 그녀는 우리들보다 더 어리다.

(2) 최상급을 표현할 때는 정관사를 사용한다.

¿Eres tú el menor de los hermanos? 네가 형제들 중에서 가장 어리니?

El tráfico es el mayor problema de la ciudad. 교통이 도시의 가장 큰 문제이다.

4 역구조 동사

보통의 동사들과는 사용법이 다르다. 앞에서 공부한 gustar 동사와 같은 구조를 취한다(9과 참조). 의미상의 주어는 주격이 아닌 간접목적격 대명사(me, te, le, nos, os, les)를 취하며, 동사는 문법적인 주어에 일치시켜야 한다.

1 quedar (의류, 신발 등이) 맞다, 어울리다

¿Le quedan los zapatos negros? 검은 구두가 당신에게 맞습니까?

Sí, me quedan bien. 네, 나에게 잘 맞습니다.

2 parecer ~ 처럼 보이다

¿Qué te parece esta falda roja? 이 빨간 치마 어떻게 생각해?

No está mal, pero me parece cara. 나쁘지 않지만 비싼 것 같아.

3 doler 고통을 느끼다

¿Qué te duele? 어디가 아프니?

Me duele mucho el estómago. 나는 배가 많이 아프다.

4 faltar 모자라다, 부족하다

¿Os falta tiempo para terminarlo? 너희들 그것을 끝낼 시간이 없었니?

Sí, nos falta tiempo para terminarlo. 예, 그것을 끝낼 시간이 없었어요.

5 interesar 관심을 가지다, 흥미를 가지다

¿Te interesa la historia de Corea? 너는 한국의 역사에 관심이 있니?

Sí, me interesa mucho la historia de Corea. 예, 나는 한국의 역사에 관심이 많습니다.

6 agradar 기쁘게 하다

¿Le agrada la noticia? 당신 그 소식이 기쁩니까?

Sí, me agrada la noticia. 예, 나는 그 소식이 기쁩니다.

7 encantar 매혹시키다, 좋아하다

¿Te encanta el zumo de naranja? 너는 오렌지 주스를 정말로 좋아하니?

Sí, me encanta el zumo de naranja. 그래, 나는 오렌지 주스를 정말로 좋아해.

8 apetecer 탐나게 하다, ~하고 싶어하다

¿Te apetece tomar un café? 너 커피 마시고 싶니?

No. Me apetece tomar un té. 아니. 나는 차를 마시고 싶어.

9 caer 맞다, 어울리다

Juan, ¿a ti cómo te cae Alicia? 후안, 너 알리시아 마음에 드니?

Sí, ella me cae bien. 그래, 나는 그녀가 마음에 든다.

▶ **ir, venir, sentar (bien, mal**과 함께**)** 맞다, 맞지 않다, 어울리다, 어울리지 않다

El traje le va/ viene/ sienta bien. 그 옷은 그에게 잘 어울린다.

Me quedan bien.

1 〈보기〉와 같이 관계 대명사 que를 사용하여 다음 문장들을 표현해보시오.

보기	Tengo un coche. No funciona bien. <u>Tengo un coche que no funciona bien.</u>

1 Me gustan los zapatos azules. Están en el escaparate.

____

2 Este señor es el director de cine. Fuma mucho.

____

3 Estoy leyendo una novela. Es muy interesante.

____

4 Tenemos un hermano. Vive en Madrid.

____

5 Carmen es una actriz. Me gusta mucho.

____

2 〈보기〉와 같이 다음 문장들에 대답해보시오.

보기	¿Es Juan el mejor alumno de la clase? <u>No, no es el mejor, es el peor.</u>

1 ¿Eres tú el menor de los hermanos?

____

2 ¿Es María su hija mayor?

____

3 ¿Son éstos los peores exámenes?

____

4 ¿Es ésta la mejor foto?

____

5 ¿Son éstas las mejores cartas?

____

3 다음의 대화를 스페인어로 작문해보시오.

A : 무엇을 원하세요?

B : 구두를 사고 싶어요. 진열장에 있는 모델이 마음에 들어요.

A : 몇 사이즈 신으세요?

B : 35입니다.

A : 이 구두가 당신에게 맞는지 봅시다.

B : 나에게 조금 작군요. 조금 더 큰 다른 사이즈 없나요?

A : 없습니다. 미안합니다. 이 노란 구두를 신어보시는 것이 어떨지요?
    훨씬 더 편안하고 질도 좋습니다.

B : 네, 정말 그렇군요. 그러나 색깔이 마음에 들지 않아요.

A : 무슨 색깔의 구두를 원하세요?

B : 밤색 구두를 원합니다.

A : 잠시만요. 여기 있습니다. 잘 맞습니까?

B : 잘 맞는군요. 그것을 사겠어요.

A : 현금으로 계산하시겠어요, 또는 신용카드로 계산하시겠어요?

B : 현금으로 계산하겠습니다. 여기 있어요.

양승관의 **기초 스페인어**

12

Deseo que tengas buena suerte.

행운이 있기를 바랍니다.

학습 내용

전화 대화 표현

문법 사항

접속법 현재

3인칭 복수형 동사에 의한 무인칭

Deseo que tengas buena suerte.

Manuel **Ana, ¿quieres venir al teatro conmigo esta tarde?**

아나야, 오늘 오후에 나와 함께 극장에 갈래?

Ana **Gracias, pero no puedo porque mañana tengo examen.**

고맙지만 그럴 수 없어. 왜냐하면 내일 시험이 있어.

Además, mis padres me prohíben que salga de casa hoy

게다가 나의 부모님이 내게 오늘은 집에서 나가는 것을 금지하셨고,

y me aconsejan que estudie mucho.

열심히 공부하라고 충고하셨어.

Manuel **¡Qué pena! Deseo que tengas buena suerte.**

안됐구나! 행운이 있기를 바라.

...

Manuel **María, ¿quieres que vayamos al teatro?**

마리아야, 우리 극장에 가는 것 어때?

María **No me gusta el teatro. Quizá sea mejor que vayamos al cine.**

나는 연극을 좋아하지 않아. 영화관에 가는 것이 더 좋을 것 같은데.

Manuel **¿Dónde ponen una buena película?**

어디에서 좋은 영화를 하니?

María **Creo que en el cine Cristal proyectan una película americana**

de un director famoso.

크리스탈 영화관에서 유명한 감독이 만든 미국 영화를 상영하고 있어.

Manuel **Muy bien.**

좋아.

María **Entonces, ¿cómo quedamos?**

그러면 어떻게 만나지?

Manuel **¿Qué te parece a las seis delante del cine?**

영화관 앞에서 6시 어때?

María **De acuerdo. A las seis. Espero que no llegues tarde.**

좋아. 6시에 보자. 너 늦게 도착하지 않기를 바라.

Manuel **¡Vale! Por supuesto.**

그럼, 물론이지.

---

teatro 극장, 연극 | **porhíben** prohibir(금지하다) 동사의 직설법 현재 3인칭 복수 | **salga** salir(나가다) 동사의 접속법 현재 1인칭 단수 Mis padres me prohíben que salga de casa hoy. 나의 부모님은 나에게 오늘 집에서 나가는 것을 금지하셨어. | **aconsejan** aconsejar(충고하다) 동사의 직설법 현재 3인칭 복수 | **estudie** estudiar(공부하다) 동사의 접속법 현재 1인칭 단수 Me aconsejan que estudie mucho. 그들은 나에게 열심히 공부하라고 충고하셨어. | **pena** 벌, 고통 ¡Qué pena! 안됐구나. | **tengas** tener(가지다) 동사의 접속법 현재 2인칭 단수 Deseo que tengas buena suerte. 너 행운이 있기를 바라. | **vayamos** ir(가다) 동사의 접속법 현재 1인칭 복수 | **quizá(s)** 아마도 Quizá sea mejor que vayamos al cine. 아마도 우리 영화관에 가는 것이 더 좋을 거야. | **ponen** poner(놓다, 상영하다) 동사의 3인칭 복수 | **película** 영화 ¿Dónde ponen una buena película? 어디에서 좋은 영화를 상영하니? | **proyectan** proyectar(상영하다) 동사의 직설법 현재 3인칭 복수 | **americano / a** 아메리카의, 미국의 | **director** 감독 cf. directora 여감독 | **famoso / a** 유명한 | **quedamos** quedar(만나다) 동사의 직설법 현재 1인칭 복수 ¿Cómo quedamos? 우리 어떻게 만날까?(언제 어디에서 만날까?) | **de acuerdo** 동의한다. | **espero** esperar(기대하다) 동사의 직설법 현재 1인칭 단수 | **llegues** llegar(도착하다) 동사의 접속법 현재 2인칭 단수 Espero que no llegues tarde. 늦게 도착하지 않기를 바라. | **¡vale!** o.k. 뜻으로 쓰이는 표현 | **por supuesto** 물론이지(= cómo no, desde luego)

Deseo que tengas buena suerte.

1 접속법 현재

접속법은 화자의 개인적 또는 주관적인 생각이나 기분이 나타난다는 점에서 단순히 사실을 객관적으로 서술하는 직설법과는 다르다. 예를 들어, "눈이 올지 모른다", "눈이 오지 않았으면 좋겠다", "눈이 오더라도 가겠다" 등의 표현은 접속법을 사용해야 한다.

1 접속법 현재 변화형

(1) 규칙 동사 hablar, comer, vivir의 변화형

인칭　　　수	단수	복수
1	hable	hablemos
2	hables	habléis
3	hable	hablen

인칭　　　수	단수	복수
1	coma	comamos
2	comas	comáis
3	coma	coman

인칭　　　수	단수	복수
1	viva	vivamos
2	vivas	viváis
3	viva	vivan

(2) 불규칙 동사의 변화형

tener	가지다	**tenga, tengas, tenga, tengamos, tengáis, tengan**
poner	놓다	**ponga, pongas, ponga, pongamos, pongáis, pongan**
venir	오다	**venga, vengas, venga, vengamos, vengáis, vengan**
salir	나가다	**salga, salgas, salga, salgamos, salgáis, salgan**
hacer	하다	**haga, hagas, haga, hagamos, hagáis, hagan**
decir	말하다	**diga, digas, diga, digamos, digáis, digan**
poder	할 수 있다	**pueda, puedas, pueda, podamos, podáis, puedan**
pedir	요구하다	**pida, pidas, pida, pidamos, pidáis, pidan**
sentir	느끼다	**sienta, sientas, sienta, sintamos, sintáis, sientan**
morir	죽다	**muera, mueras, muera, muramos, muráis, mueran**
dormir	자다	**duerma, duermas, duerma, durmamos, durmáis, duerman**
ser	…이다	**sea, seas, sea, seamos, seáis, sean**
estar	…있다	**esté, estés, esté, estemos, estéis, estén**
ir	가다	**vaya, vayas, vaya, vayamos, vayáis, vayan**
dar	주다	**dé, des, dé, demos, deis, den**
haber	갖다	**haya, hayas, haya, hayamos, hayáis, hayan**
saber	알다	**sepa, sepas, sepa, sepamos, sepáis, sepan**

2 용법

(1) 접속법 현재는 주로 현재와 미래의 행위를 나타낸다. 명사절의 경우 주문의 동사가 직설법 현재(또는 미래)인 경우 종속문의 동사로는 접속법 현재가 쓰인다.

다음과 같은 경우에 종속절에 접속법 현재 동사를 사용한다 : 첫째, 주문 동사의 주어와 종속문 동사의 주어가 서로 다를 때, 둘째, 종속문 주어의 행위가 실현 가능성이 있는지 없는지 확실치 않을 때, 셋째, 종속문 주어의 의지가 아니고 주문 주어의 의지일 때, 넷째, 주문의 동사가 원망, 희망, 기대, 요구, 강요, 사역, 권고, 제안, 허용, 승인, 명령, 금지, 부정, 불확실 등의 뜻을 가진 동사일 때. 대개 주문의 동사가 다음과 같은 뜻을 가진 동사인 경우 종속문의 동사는 접속법으로 사용한다.

querer 원하다	**desear** 원하다	**pedir** 요청하다	**esperar** 기대하다
rogar 간청하다	**suplicar** 청원하다	**aconsejar** 충고하다	**mandar** 명령하다
permitir 허용하다	**advertir** 주의시키다	**ordenar** 명령하다	**impedir** 저지하다
prohibir 금지하다	**dudar** 의심하다	**no creer** 믿지 않는다	**sospechar** 의심하다

Los padres quieren que estudiemos mucho. 부모님은 우리들이 열심히 공부하기를 원한다.

Esperamos que no llueva mañana. 우리들은 내일 비가 오지 않기를 기대한다.

Te aconsejo que no llegues tarde a casa. 나는 너에게 집에 늦게 도착하지 말라고 충고한다.

El profesor nos advierte que no gritemos en la clase.

교수님은 교실에서 떠들지 말라고 우리에게 주의를 준다.

Ellos dudan que yo sea coreano. 그들은 내가 한국인이라는 것을 의심한다.

Mi padre me prohíbe que entre en la cocina. 나의 아버지는 내가 부엌에 들어가는 것을 금지하신다.

No creo que estos turistas sean españoles. 나는 이 관광객들이 스페인 사람들이라고 생각하지 않는다.

¿Cree usted que ella llegue a tiempo? 당신은 그녀가 제시간에 오리라고 생각하십니까? (의심이 있음)

creo que + 직설법 :

Creo que ella llega a tiempo. 나는 그녀가 제시간에 도착할 것이라고 생각한다.

no creo que + 접속법 :

No creo que ella llegue a tiempo. 나는 그녀가 제시간에 도착할 것이라고 생각하지 않는다.

(2) 의심의 부사 quizá(s), tal vez(아마도) 등과 함께 단문에서 접속법을 사용할 수 있다. 물론 직설법을 사용할 수도 있다. 무엇을 사용할 것인가는 의심의 정도에 따라 결정된다.

Quizá tenga fiebre. 아마 열이 있지 않을까.

Quizá tiene fiebre. 아마 열이 있을 거야.

Quizá llegue mañana. 아마 내일 도착하지 않을까.

Quizá llega mañana. 아마 내일 도착할 거야.

2 3인칭 복수형 동사에 의한 무인칭

1 주어를 특정한 "그들"로 해석해서는 안 된다.

¿Qué película ponen en este cine? 이 영화관에서 무슨 영화를 상영하나요?

Dicen que es un hombre magnífico. 훌륭한 사람이라고들 한다.

2 실제로 주어가 한 사람밖에 없어도 복수형을 쓴다.

Llaman a la puerta. 누군가가 노크하고 있다.

Señor, le llaman por teléfono. 선생님, 전화 왔습니다.

Deseo que tengas buena suerte.

1 괄호 안의 동사들을 접속법 현재형으로 변화시키시오.

1 Le pido a él que me ___________ (dar) diez euros.

2 Te aconsejo que no ___________ (llegar) tarde a casa.

3 Ellos dudan que yo ___________ (ser) coreano.

4 Mi padre me prohíbe que ___________ (entrar) en la cocina.

5 No creo que estos turistas ___________ (ser) españoles.

6 Espero que tú ___________ (estar) bien.

7 Esperamos que no ___________ (llover) mañana.

8 Deseo que Uds. ___________ (tener) buena suerte.

9 ¿Cree usted que ella ___________ (venir) a tiempo?

10 Los profesores quieren que nosotros ___________ (estudiar) mucho.

11 Espero que ellas ___________ (poder) entrar aquí.

12 Mis padres me recomiendan que ___________ (ir) a España.

13 José nos aconseja que ___________ (hablar) en español.

14 El médico me manda que no ___________ (beber) mucho.

15 Os ruego que ___________ (llegar) a las nueve en punto.

16 Mis padres nos prohíben que___________ (salir) por la noche.

17 Quiero que tú ___________ (venir) pronto.

18 Deseamos que los niños ___________ (dormir) pronto.

19 Mi mamá me ordena que ___________ (volver) a las seis.

20 El profesor nos permite que ___________ (salir) de la clase.

21 Ana desea que Juan no ___________ (fumar) mucho.

22 Espero que ___________ (nevar) mucho este invierno.

23 El camarero nos recomienda que ___________ (comer) un cordero asado.

2 괄호 안의 동사들을 접속법 현재형으로 변화시키시오.

1 Quizá María ___________ (quedarse) hoy en casa.
2 Quizá ___________ (llover) mañana.
3 Quizá el tren ___________ (venir) tarde.
4 Quizá Juan ___________ (estar) enfermo.
5 Quizá ___________ (nevar) hoy.
6 Quizá mi padre ___________ (llegar) pronto.

3 다음의 대화를 스페인어로 작문해보시오.

A : 아나야, 오늘 오후에 나와 함께 극장에 갈래?

B : 고마워. 그러나 그럴 수 없어. 왜냐하면 내일 시험이 있어.
　　게다가 나의 부모님이 내게 오늘은 집에서 나가는 것을 금지하셨고, 열심히 공부하라고 충고하셨어.

A : 안됐구나! 행운이 있기를 바라.

A : 마리아야, 오늘 오후에 우리 극장에 가는 것 어때?

C : 나는 연극을 좋아하지 않아. 영화관에 가는 것이 더 좋을 것 같은데.

A : 어디에서 좋은 영화를 하니?

C : 크리스탈 영화관에서 유명한 감독이 만든 미국 영화를 상영하고 있어.

A : 좋아.

C : 그러면 어떻게 만나지?

A : 영화관 앞에서 6시 어때?

C : 좋아. 6시에 보자. 너 늦게 도착하지 않기를 바라.

A : 물론이지.

양승관의 **기초 스페인어**

13

Me duele el estómago. 배가 아픕니다.

학습 내용

병원에서의 대화 표현

문법 사항

명령법

부정어 (algo / alguno / nada / ninguno)

Me duele el estómago. ··

Médico   **¡Pase, por favor! Siéntese aquí y dígame qué le pasa.**

들어오세요! 여기 앉으시고 무슨 일인지 내게 말해보세요.

Luis   **Me duelen el estómago y la garganta.**

배와 목이 아파요.

Médico   **Bueno, a ver, túmbese aquí. Primero voy a tomarle el pulso.**

네, 어디 봅시다, 여기 누우세요. 먼저 맥박을 재겠습니다.

Súbase la manga de la camisa y deme la mano derecha.

셔츠의 소매를 올리고 오른손을 주세요.

Ahora quítese la camisa y respire profundamente.

이제 셔츠를 벗고 깊게 숨을 쉬세요.

No se ponga nervioso. ¡Relájese!

긴장하지 마세요. 마음을 편하게 하세요.

Luis   **¿Es algo grave, doctor? Estoy bastante preocupado.**

의사 선생님, 위중합니까? 저는 매우 걱정이 됩니다.

Médico   **No, no es nada grave. Ahora póngase la camisa.**

아닙니다. 위중하지 않습니다. 이제 셔츠를 입으세요.

Usted tiene agotamiento físico.

당신은 육체적으로 지친 것입니다.

No trabaje tanto, lleve una vida tranquila y descanse.

너무 많이 일하지 말고 조용한 생활을 취하고 쉬세요.

Luis   **¿Tengo que seguir alguna dieta?**

어떤 식이요법을 따라야만 하나요?

Médico   **Sí, no tome grasas ni comidas fuertes.**

네, 지방분이 있는 음식이나 강한 음식들을 먹지 마세요.

Le voy a recetar unas pastillas.

당신에게 약을 처방해드리겠습니다.

Venga por aquí la semana próxima.

다음 주에 여기에 오세요.

Luis   **Muchas gracias. Hasta la semana que viene.**

감사합니다. 다음 주에 뵙겠습니다.

단어 및 표현 정리

pase pasar(지나가다) 동사의 Ud.에 대한 명령 ┃ **siéntese** sentarse(앉다) 재귀 동사의 Ud.에 대한 명령 ┃ **diga** decir(말하다) 동사의 Ud.에 대한 명령 ¡Dígame! 내게 말하세요. (전화 대화에서) 여보세요. ┃ **duele** doler(아프다) 동사의 직설법 현재 3인칭 단수 ┃ **estómago** 배, 위 ┃ **garganta** 목 ┃ **túmbese** tumbarse(눕다) 재귀 동사의 Ud.에 대한 명령 ┃ **pulso** 맥박 tomar el pulso 맥박을 재다 ┃ **súbase** subirse(올리다) 재귀 동사의 Ud.에 대한 명령 ┃ **manga** 소매 ┃ **quítese** quitarse(벗다) 재귀 동사의 Ud.에 대한 명령 ┃ **dé** dar(주다) 동사의 Ud.에 대한 명령 ┃ **respire** respirar(숨을 쉬다) 동사의 Ud.에 대한 명령 ┃ **profundamente** 깊게 ┃ **ponga** poner(놓다) 동사의 Ud.에 대한 명령 ┃ **nervioso / a** 신경의, 신경질적인, 초조한 ┃ **relájese** relajarse(마음을 편하게 하다) 재귀 동사의 Ud.에 대한 명령 ┃ **grave** 위중한 ┃ **preocupado / a** 걱정스러운 ┃ **nada** 아무것, 아무일(도 없다) ┃ **agotamiento** 기력을 잃음 ┃ **físico / a** 육체적인 ┃ **trabaje** trabajar(일하다) 동사의 Ud.에 대한 명령 ┃ **lleve** llevar(가지다) 동사의 Ud.에 대한 명령 ┃ **tranquilo / a** 조용한 ┃ **descanse** descansar(쉬다) 동사의 Ud.에 대한 명령 ┃ **dieta** 식이요법, 다이어트 ┃ **tome** tomar(먹다) 동사의 Ud.에 대한 명령 ┃ **grasa** 지방(있는 음식) ┃ **recetar** 처방하다 ┃ **pastilla** 알약 ┃ **venga** venir(오다) 동사의 Ud.에 대한 명령

Me duele el estómago.

1 명령법

1 형태

(1) 규칙 동사 : 2인칭 tú의 명령형은 직설법 현재 3인칭 단수형과 같고 usted, ustedes, nosotros의 명령형은 각각 접속법 현재 3인칭 단수, 복수 및 1인칭 복수형과 같다. 2인칭 복수형은 동사 원형의 어미 '-r'를 '-d'로 바꾸면 된다.

인칭 \ 수	단수		복수	
1인칭	-		hablemos comamos vivamos	nosotros
2인칭	habla come vive	tú	hablad comed vivid	vosotros
3인칭	hable coma viva	usted	hablen coman vivan	ustedes

hablar, comer, vivir의 명령형

(2) 불규칙 동사 : 2인칭 단수에서 불규칙 변화를 하는 동사들은 다음과 같다.

tener : ten	hacer : haz	venir : ven	poner : pon
valer : val	salir : sal	decir : di	ser : sé	ir : ve

> **도우미**
>
> 동사 **ir**의 명령형 **1**인칭 복수는 **vayamos**이다. 그러나 직설법 현재형 **vamos**를 명령형으로 사용한다. (**¡Vamos a ver!** 어디 봅시다.　**¡Vamos!** 갑시다.)

2 용법

(1) 주어는 대체로 동사 뒤에 놓이나 생략하는 경우가 일반적이다.

Habla (tú) en español. 너 스페인어로 말해라.

Hable (Ud.) en voz alta. 당신 큰 소리로 말하세요.

Venid temprano. 너희들 일찍 와라.

Cantemos una canción española. 우리 스페인 노래를 부르자.

Espera un momento. 너 잠시 기다려라.

Sé puntual. 너 시간을 잘 지켜라.

Ve a su casa. 너 그의 집에 가라.

Estudiad mucho. 너희들 열심히 공부해라.

(2) 재귀 대명사 se(me, te, se, nos, os, se)는 긍정 명령형에서는 동사의 어미에 붙여 쓴다. 1인칭 복수형은 '-s'를 떼고 nos를 붙이고, 2인칭 복수형은 어미 '-d'를 떼고 os를 붙인다. 단, irse의 경우는 '-d'를 생략하지 않는다. 그리고 동사 본래의 강세 위치에 강세 부호를 찍어주어야 한다.

levantarse 일어나다	vestirse 옷을 입다	sentarse 앉다	irse 떠나가다	acostarse 잠자리에 들다
levántate	vístete	siéntate	vete	acuéstate
levántese	vístase	siéntese	váyase	acuéstese
levantémonos	vistámonos	sentémonos	vámonos	acostémonos
levantaos	vestíos	sentaos	idos	acostaos
levántense	vístanse	siéntense	váyanse	acuéstense

(3) 긍정 명령형의 목적어가 되는 직접목적격과 간접목적격 대명사는 동사의 어미에 붙여 써야 한다.

Tráigamelo. 나에게 그것을 가져오시오.　　　　　**Dígamelo.** 나에게 그것을 말하시오.

(4) 부정 명령형이 될 경우는 부정어 no를 명령형 동사 앞에 놓아야 한다. 단 2인칭 단·복수의
부정 명령형은 접속법 2인칭 단·복수형으로 바뀐다.

habla	▶	no hables	hab*lad*	▶	no habléis
habla	▶	**no hables**	**hablad**	▶	**no habléis**
come	▶	**no comas**	**comed**	▶	**no comáis**
vive	▶	**no vivas**	**vivid**	▶	**no viváis**
hable	▶	**no hable**	**hablen**	▶	**no hablen**
coma	▶	**no coma**	**coman**	▶	**no coman**
viva	▶	**no viva**	**vivan**	▶	**no vivan**

(5) 긍정 명령에서 어미에 붙은 재귀 대명사는 부정 명령이 되면 동사 앞에 놓여야 한다.

levántate. 너 일어나라.　　　▶　**no te levantes.** 너 일어나지 마라.

levántese. 당신 일어나세요.　　　▶　**no se levante.** 당신 일어나지 마세요.

levantémonos. 우리 일어나자.　　　▶　**no nos levantemos.** 우리 일어나지 말자.

levantaos. 너희 일어나라.　　　▶　**no os levantéis.** 너희들 일어나지 말아라.

(6) 긍정 명령형의 어미에 붙은 인칭 대명사 직접목적격과 간접목적격은 부정 명령에서는
동사의 앞에 놓인다.

Estúdielo. 그것을 공부하세요.　　　▶　**No lo estudie.** 그것을 공부하지 마세요.

Dígamelo. 나에게 그것을 말하세요.　　　▶　**No me lo diga.** 나에게 그것을 말하지 마세요.

Déselo Ud. 그에게 그것을 주시오.　　　▶　**No se lo dé Ud.** 그에게 그것을 주지 마시오.

2 부정어

1 긍정 문장

(1) algo : 뭔가, 어떤 것(대명사)

¿Sucede algo? 뭔가 일어났습니까?　　　　　　　　**¿Quiere Ud. algo?** 뭔가를 원하십니까?

(2) alguno(as) : (~ 중의) 어떤 사람(의), 어떤 것(의) (대명사 / 형용사)

Algunos vienen allí. 어떤 사람들이 저기 온다.

¿Tengo que seguir alguna dieta? 어떤 식이요법을 따라야만 합니까?

2 부정 문장

스페인어에서는 부정어가 중복되어 이중부정이 되어도, 긍정이 되지 않는다.

(1) nada : 아무것도 (~ 않다) (대명사)

No sucede nada. 아무것도 일어나지 않았다.　　　　　**Nada sucede.** 아무것도 일어나지 않았다.

도우미 ‘**no**’ 이외의 부정어가 동사보다 앞에 있으면 부정문인 것이 확실하므로 동사 앞에 ‘**no**’를 사용해서는 안 된다.

(2) ninguno (as) : 누구도, 아무것도 (~ 않다) (대명사 / 형용사)

Ninguno de ellos me gusta. 그들 중 누구도 마음에 들지 않는다.

No tengo ningún problema. 나는 아무 문제도 없다.

Me duele el estómago.

1 〈보기〉와 같이 다음 문장들을 긍정 명령형과 부정 명령형으로 고치시오.

보기	Usted habla deprisa.	<u>Hable deprisa.</u> <u>No hable deprisa.</u>

1 Vosotros trabajáis mucho.

2 Tú preguntas mucho.

3 Usted toma el taxi.

4 Tú alquilas un coche.

5 Tú abres la ventana.

2 〈보기〉와 같이 다음 문장들을 대명사를 사용하여 긍정 명령형과 부정 명령형으로 바꾸시오.

보기	Lávate las manos.	<u>Lávatelas.</u>	<u>No te las laves.</u>

1 Dame la llave.

2 Córtate el pelo.

3 Quitaos las camisas.

4 Envíale el paquete.

5 Dígale su apellido

6 Enséñame tu casa.

7 Poneos los zapatos.

8 Escríbeles una carta.

3 부정어 algo, alguno, nada, ninguno를 사용하여 빈칸을 알맞게 채우시오.

1 Allí sucede (   ).

2 No viene (   ) de ellos.

3 No ocurre (   ).

4 No tenemos (   ) comida.

5 ¿Tengo que seguir (   ) dieta?

4 다음의 대화를 스페인어로 작문해보시오.

A : 여기 앉으시고 무슨 일인지 내게 말해보세요.

B : 배와 목이 아파요.

A : 어디 봅시다. 여기 누우세요. 먼저 맥박을 재겠습니다. 셔츠의 소매를 올리고 왼손을 주세요.
　　이제 셔츠를 벗고 깊게 숨을 쉬세요. 긴장하지 마세요. 마음을 편하게 하세요.

A : 의사 선생님, 위중합니까? 매우 걱정이 됩니다.

B : 아닙니다. 위중하지 않습니다. 이제 셔츠를 입으세요. 당신은 육체적으로 지친 것입니다.
　　너무 많이 일하지 말고 조용한 생활을 취하고 쉬세요.

A : 어떤 식이요법을 따라야만 하나요?

B : 네, 지방분이 있는 음식이나 강한 음식들을 먹지 마세요. 당신에게 약을 처방해드리겠습니다.
　　다음 주에 여기에 오세요.

A : 매우 감사합니다. 다음 주에 뵙겠습니다.

양승관의 **기초 스페인어**

14

Tuve un accidente.
사고가 있었어요.

학습 내용
과거 상황 표현

문법 사항
완료 과거 단순형
불완료 과거
현재 완료
대과거

Tuve un accidente.

María — **¿Dónde estuviste ayer?**
어제 너 어디에 있었니?

Pedro — **Lo siento mucho.**
대단히 미안하다.

María — **Te esperé casi una hora. ¿Qué te pasó?**
너를 한 시간이나 기다렸어. 무슨 일이 있었니?

Pedro — **Tuve un accidente. Ayer en casa me caí de la escalera.**
사고가 생겼어. 어제 집에서 계단에서 넘어졌어.

María — **¿Estabas solo en casa cuando ocurrió el accidente?**
사고가 일어났을 때 집에 혼자 있었니?

Pedro — **No, estaba mi madre.**
아니. 어머니가 계셨어.

Mi madre llamó en seguida a una ambulancia.
어머니가 즉시 구급차를 불렀어.

María — **¿Qué te dijo el médico?**
의사가 너에게 뭐라고 말했니?

Pedro — **Al principio creí que tenía la pierna rota, porque me dolía muchísimo. Me puse muy nervioso.**
처음에 다리가 부러진 줄로 생각했어. 왜냐하면 너무나 아팠기 때문이야. 아주 초조했어.

Pero el médico me dijo que la pierna estaba solamente dislocada.
그러나 의사가 다리가 단지 골절되었다고 말했어.

Pues me tranquilicé un poco.

그래서 조금 안심했어.

María **¿Cómo te encuentras ahora?**

지금은 어떠니?

Pedro **Ahora me encuentro un poco mejor.**

지금은 조금 좋아졌어.

María **¡Que te mejores pronto!**

빨리 회복되기를 바래!

Pedro **Gracias.**

고마워.

단어 및 표현 정리

estuviste estar(~에 있다) 동사의 완료 과거 단순형 2인칭 단수 ┃ **esperé** esperar(기다리다) 동사의 완료 과거 단순형 1인칭 단수 ┃ **pasó** pasar(지나다, 일어나다) 동사의 완료 과거 단순형 3인칭 단수 ┃ **tuve** tener(가지다) 동사의 완료 과거 단순형 1인칭 단수 ┃ **accidente** 사건, 사고 ┃ **caí** caer(떨어지다, 넘어지다) 동사의 완료 과거 단순형 1인칭 단수 ┃ **estabas** estar(~에 있다) 동사의 불완료 과거 2인칭 단수 ┃ **solo / a** 홀로 ┃ **ocurrió** ocurrir(일어나다, 발생하다) 동사의 완료 과거 단순형 3인칭 단수 ┃ **estaba** estar(~에 있다) 동사의 불완료 과거 1, 3인칭 단수 ┃ **llamó** llamar(부르다) 동사의 완료 과거 단순형 3인칭 단수 ┃ **en seguida** 즉시 ┃ **ambulancia** 구급차 ┃ **dijo** decir(말하다) 동사의 완료 과거 단순형 3인칭 단수 ┃ **principio** 시작 al principio 처음에 ┃ **creí** creer(믿다) 동사의 완료 과거 단순형 1인칭 단수 ┃ **tenía** tener(가지다) 동사의 불완료 과거 1, 3인칭 단수 ┃ **pierna** 다리, 정강이 ┃ **roto / a** 부러진 ┃ **dolía** doler(아프다) 동사의 불완료 과거 1, 3인칭 단수 ┃ **puse** poner(놓다) 동사의 완료 과거 단순형 1인칭 단수 ┃ **dislocado / a** 골절된, 삔 ┃ **tranquilicé** tranquilizar(안심시키다) 동사의 완료 과거 단순형 1인칭 단수 ┃ **quedó** quedar(남다) 동사의 완료 과거 단순형 3인칭 단수 ┃ **mejores** mejorar(좋아지다) 동사의 접속법 현재 2인칭 단수

Tuve un accidente.

1 완료 과거 단순형

1 규칙 동사 hablar, comer, vivir의 변화형

hablar		comer		vivir	
hablé	hablamos	comí	comimos	viví	vivimos
hablaste	hablasteis	comiste	comisteis	viviste	vivisteis
habló	hablaron	comió	comieron	vivió	vivieron

도우미

완료 과거 단순형은 많은 문법책에서 '부정 과거'라고 칭하는 것이다. 스페인 한림원에서는 직설법 부정 과거라는 용어 대신 '완료 과거 단순형'(**pretérito perfecto simple**)이라는 용어를 사용하고 있다.

2 불규칙 동사

(1) 어간의 마지막 자음이 음가를 유지하기 위해 1인칭 단수에서 다른 자음으로 바뀌는 경우

explicar 설명하다 tocar 만지다 (-c- ▶ -qu-)	pagar 지불하다 negar 거절하다 (-g- ▶ -gu-)	empezar 시작하다 rechazar 거절하다 (-z- ▶ -c-)	menguar 줄다 averiguar 알아보다 (-gu- ▶ -gü-)
expliqué	pagué	empecé	mengüé
explicaste	pagaste	empezaste	menguaste
explicó	pagó	empezó	menguó
explicamos	pagamos	empezamos	menguamos
explicasteis	pagasteis	empezasteis	menguasteis
explicaron	pagaron	empezaron	menguaron

(2) 제2변화와 제3변화 동사(-er, -ir)에서 3인칭 단수, 복수의 어미가 '-ió'에서 '-yó'로,
'-ieron'에서 '-yeron'으로 바뀌는 경우 : 어간이 모음으로 끝나는 동사들이 여기에 속한다.

caer	넘어지다	**caí, caíste, cayó, caímos, caísteis, cayeron**
oír	듣다	**oí, oíste, oyó, oímos, oísteis, oyeron**
leer	읽다	**leí, leíste, leyó, leímos, leísteis, leyeron**
huir	도망치다	**hui, huiste, huyó, huimos, huisteis, huyeron**

(3) '-ir' 동사에서 3인칭 단수와 복수의 어간 모음 '-e-'가 '-i-'로, '-o-'가 '-u-'로 바뀌는 동사들이
있다.

sentir	느끼다	**sentí, sentiste, sintió, sentimos, sentisteis, sintieron**
pedir	요청하다	**pedí, pediste, pidió, pedimos, pedisteis, pidieron**
morir	죽다	**morí, moriste, murió, morimos, moristeis, murieron**
dormir	자다	**dormí, dormiste, durmió, dormimos, dormisteis, durmieron**

(4) 기타 불규칙 동사

poner	놓다	**puse, pusiste, puso, pusimos, pusisteis, pusieron**
saber	알다	**supe, supiste, supo, supimos, supisteis, supieron**
poder	할 수 있다	**pude, pudiste, pudo, pudimos, pudisteis, pudieron**
haber	있다	**hube, hubiste, hubo, hubimos, hubisteis, hubieron**
decir	말하다	**dije, dijiste, dijo, dijimos, dijisteis, dijeron**
traer	가져오다	**traje, trajiste, trajo, trajimos, trajisteis, trajeron**
hacer	하다	**hice, hiciste, hizo, hicimos, hicisteis, hicieron**
dar	주다	**di, diste, dio, dimos, disteis, dieron**
ver	보다	**vi, viste, vio, vimos, visteis, vieron**

querer	원하다	quise, quisiste, quiso, quisimos, quisisteis, quisieron
venir	오다	vine, viniste, vino, vinimos, vinisteis, vinieron
estar	있다	estuve, estuviste, estuvo, estuvimos, estuvisteis, estuvieron
tener	가지다	tuve, tuviste, tuvo, tuvimos, tuvisteis, tuvieron
andar	걷다	anduve, anduviste, anduvo, anduvimos, anduvisteis, anduvieron
ser	~이다	fui, fuiste, fue, fuimos, fuisteis, fueron
ir	가다	fui, fuiste, fue, fuimos, fuisteis, fueron

▶ 동사 **ser**와 **ir**의 완료 과거 단순형은 변화형이 같다.

3 용법

(1) 동작 혹은 상태가 어느 한 순간에 끝난 것을 표현할 때 사용한다.

¿Adónde fuiste anoche? 어제 저녁에 너 어디에 갔었니?

Fui al cine. 영화관에 갔습니다.

¿Cuándo nació Juan? 후안은 언제 태어났습니까?

Juan nació en el año 1993. 후안은 1993년에 태어났습니다.

Hizo un viaje por España. 그는 스페인으로 여행했다.

Su tío murió anoche. 그의 삼촌이 어제 저녁 죽었다.

(2) 구체적인 시간이나 횟수가 있을 때 완료 과거 단순형을 사용한다.

Tuvo que estudiar dos horas. 그는 2시간 동안 공부를 해야 했다.

Ella trabajó aquí durante dos años. 그녀는 여기에서 2년간 일했다.

Ellos vivieron diez años en Seúl. 그들은 서울에서 10년간 살았다.

2 불완료 과거

1 규칙 동사 hablar, comer, vivir의 변화형

hablar		comer		vivir	
hablaba	hablábamos	comía	comíamos	vivía	vivíamos
hablabas	hablabais	comías	comíais	vivías	vivíais
hablaba	hablaban	comía	comían	vivía	vivían

2 불규칙 동사

불규칙 동사는 ser, ir, ver 3개밖에 없다.

ser		ir		ver	
era	éramos	iba	íbamos	veía	veíamos
eras	erais	ibas	ibais	veías	veíais
era	eran	iba	iban	veía	veían

3 용법

일반적으로 불완료 과거는 과거에 지속적으로 일어났던 행위를 표현할 때 쓰인다. 즉 " ~ 을 하고 있었다"라는 표현을 위해 사용된다.

(1) 과거의 반복된 습관을 표현한다.

Antes jugábamos al tenis. 전에 우리들은 테니스를 치곤 했었다.

No fumo ahora. Pero antes fumaba mucho.

나는 지금 담배를 피우지 않는다. 그러나 전에는 담배를 많이 피우곤 했었다.

(2) 과거에 동시에 발생했던 연속적인 동작이나 상태를 표현한다.

Cuando yo era niño, mi familia vivía en Seúl.

내가 어렸을 때 나의 가족은 서울에 살고 있었다.

Mientras comíamos, él estudiaba.

우리들이 식사를 하고 있는 동안 그는 공부를 하고 있었다.

(3) 과거에 발생한 행위일지라도 어느 한쪽의 동작이 한 순간에 끝나고 다른 한쪽의 동작은 계속되고 있었던 것을 표현할 때 쓰인다.

Me casé cuando tenía 28 años. 나는 스물여덟 살이었을 때 결혼했다.

Cuando llegué a casa, mi hijo veía la televisión.

내가 집에 도착했을 때 내 아들은 텔레비전을 보고 있었다.

(4) 과거, 현재, 미래에 뜻을 두었다가 이행하지 못한 것을 표현할 때 사용한다.

El sábado pasado yo iba a ir a la escuela, pero no fui.

지난 토요일에 나는 학교에 가려고 했었는데 못 갔다.

Iba a llamarte, pero no pude. 너에게 전화하려고 했었는데 못했어.

(5) 공손한 표현에 불완료 과거형을 사용한다.

¿Qué deseaba usted? 뭘 원하십니까?

3 현재 완료

1 형태

현재 완료형은 "조동사 haber의 직설법 현재 + 과거 분사"로 구성된다.

단수	복수
he hablado has + comido ha vivido	hemos hablado habéis + comido han vivido

도우미 현재 완료라는 명칭 대신에 직설법 완료 과거 복합형(**Pretérito perfecto compuesto de indicativo**)이라는 명칭을 사용하기도 한다.

2 용법

(1) 동작 혹은 행위가 완료된 현재의 상태를 나타낸다.

Ha llegado el tren. 기차가 도착했다.   **El tren ha partido.** 기차가 떠났다.

Todavía no he terminado el trabajo. 나는 아직 그 일을 끝내지 못했다.

(2) 지금, 오늘, 오늘 아침, 금주, 금월, 금년, 금세기 등에 이루어진 것을 표현한다. 즉, 최근의 과거를 표현할 때 사용할 수 있다.

Esta tarde he terminado la tarea. 오늘 오후에 숙제를 끝냈다.

Hoy por la tarde hemos comido bocadillos. 오늘 오후에 우리들은 샌드위치를 먹었다.

Este año ha habido buena cosecha. 올해에는 수확이 좋았다.

Este invierno ha nevado mucho en Corea. 이번 겨울은 한국에 눈이 많이 왔다.

Este verano ha hecho mucho calor. 이번 여름은 아주 더웠다.

(3) 현재까지의 경험을 나타낸다.

Hemos vivido en España. 우리들은 스페인에서 살아본 적이 있다.

No he estado en México. 나는 멕시코에 있은 적이 없다.

Jamás he visto a una chica tan guapa. 나는 그렇게 예쁜 소녀를 결코 본 적이 없다.

(4) 현재까지 지속되고 있는 동작을 나타낸다.

Ya he estudiado estas dos horas. 나는 벌써 이 두 시간을 공부하고 있다.

4 대과거

1 형태

직설법 대과거는 직설법 과거 완료라고 지칭하기도 한다. "조동사 haber의 직설법 불완료 과거 + 과거 분사"로 구성된다.

단수	복수
había hablado habías + comido había vivido	habíamos hablado habíais + comido habían vivido

2 용법

(1) 직설법 대과거는 과거의 어느 시점을 기준으로 하여, 그 이전에 이루어진 것을 표현한다.

¿Habían cerrado Uds. bien la puerta cuando salían de casa?

집에서 외출할 때 문을 잘 닫으셨습니까**?**

Cuando me acosté ya había amanecido. 내가 잠자리에 들었을 때는 이미 날이 밝았다.

(2) 주동사가 직설법 완료 과거 단순형이나 불완료 과거일 경우 종속절의 내용이 그 이전에 끝난 것이면 종속절 동사는 대과거를 사용해야 한다.

Rosa me dijo ayer que había llegado el mes pasado.

로사는 지난달에 도착했다고 나에게 어제 말했다.

Ellos me dijeron que ya habías salido de casa.

그들은 나에게 네가 이미 집에서 나갔다고 말했다.

Me comentó que nunca había ido a un concierto.

그는 나에게 전에 어떤 콘서트에 가본 적이 없다고 말했다.

Tuve un accidente.

1 〈보기〉와 같이 다음 문장들에 대답해보시오.

보기	¿Dónde estuvisteis ayer? / en la escuela <u>Estuvimos en la escuela.</u>

1 ¿Cuántas personas hubo en la fiesta? / muchas   _______________

2 ¿Adónde fueron Uds. anoche? / discoteca   _______________

3 ¿Dónde dieron la fiesta? / en el jardín   _______________

4 ¿Qué pusieron ayer en la televisión? / una película   _______________

5 ¿Cómo viniste de Madrid? / en avión   _______________

2 괄호 안의 동사를 문장에 알맞게 완료 과거 단순형이나 불완료 과거로 변화시키시오.

1 ¿Qué ___________ (hacer) Ud. ayer por la tarde?

2 Cuando yo era niño, mi familia ___________ (vivir) en Madrid.

3 Ya no juego al fútbol. Pero antes ___________ (jugar) al fútbol mucho.

4 El mes pasado vosotros ___________ (hacer) un viaje por toda Europa.

5 En 1945___________ (acabar) la Segunda Guerra Mundial.

6 ¿Cuántas personas ___________ (morir) en el accidente de ayer?

7 Cuando entré en la sala, mi mamá___________ (ver) la televisión.

8 ¿Qué le ___________ (decir) Rosa ayer?

9 El año pasado nosotros ___________ (ir) de viaje a España.

10 Antes yo___________ (fumar) mucho, pero ahora no.

11 Su abuelo ___________ (morir) anoche.

12 Ella___________ (trabajar) aquí durante tres años.

3 〈보기〉와 같이 다음 문장들을 연습하시오.

<table>
<tr><td>보기</td><td>Yo desayuno una taza de café. / Hoy por la mañana
<u>Hoy por la mañana he desayunado una taza de café.</u></td></tr>
</table>

1 Llueve poco. / esta primavera ▶

2 Juan duerme muy poco. / esta noche ▶

3 Vosotros trabajáis mucho. / este año ▶

4 Nieva mucho en las montañas. / este invierno ▶

5 Nosotros pasamos las vacaciones en España. / este verano ▶

4 다음의 대화를 스페인어로 작문해보시오.

A : 어제 너 어디에 있었니?

B : 대단히 미안하다.

A : 너를 한 시간이나 기다렸어. 무슨 일이 있었니?

B : 사고가 생겼어. 어제 집에서 계단에서 넘어졌어.

A : 사고가 생겼을 때 집에 혼자 있었니?

B : 아니. 어머니가 계셨어. 어머니가 즉시 구급차를 불렀어.

A : 의사가 너에게 뭐라고 말했니?

B : 처음에 나는 다리가 부러진 줄로 생각했어, 왜냐하면 너무나 아팠기 때문이야.
아주 초조한 상태였지. 그러나 의사가 다리가 단지 골절되었다고 말했어. 그래서 조금 안심했어.

양승관의 **기초 스페인어**

15

Te regalaré una tarta. 네게 케이크를 선물할게.

학습 내용

생일 파티와 관련된 표현

문법 사항

직설법 미래

직설법 완료 미래

직설법 가정 미래

직설법 가정 미래 완료

Teresa　**¡Mañana es mi cumpleaños! Cumpliré veintitrés años.**
내일이 내 생일이야! 만 23살이 되거든.

Pedro　**¡Qué bien! ¿Qué harás?**
좋겠다. 너 뭐 할 거니?

Teresa　**Organizaré una fiesta especial en casa.**
집에서 특별한 파티를 열 거야.

Pedro　**¿A quién invitarás?**
누구를 초대할 거니?

Teresa　**Invitaré a todos los amigos íntimos.**
친한 모든 친구들을 초대할 거야.

Pedro　**¿Cuántos vendrán?**
몇 명이나 올까?

Teresa　**Aún no sé. Vendrán Luis, Alfonso y José.**
아직은 몰라. 루이스, 알폰소 그리고 호세가 올 수 있을 거야.

Creo que Manuel no vendrá porque está de viaje con su hermano.
마누엘은 그의 형과 여행 중이기 때문에 오지 못할 것이라고 생각해.

Pedro　**Pero Manuel me dijo que volvería esta tarde.**
하지만 마누엘이 오늘 오후에 돌아올 것이라고 내게 말했어.

Tal vez ya habrá llegado en casa.
아마도 집에 이미 도착해 있을 거야.

Teresa　**Entonces le llamaré un poco después.**
그러면 조금 후에 그에게 전화해볼게.

Pedro **Muy bien. ¿Qué prepararás?**
좋아. 무엇을 준비할 거니?

Teresa **Prepararé varias comidas y bebidas. ¿Me ayudarás?**
다양한 음식과 음료들을 준비할 거야. 나를 도와줄 거지?

Pedro **Por supuesto. Yo te regalaré una tarta muy bonita.**
물론이지. 나는 너에게 아주 예쁜 케이크를 선물할게.

Una gran tarta con tu nombre y veintitrés velas.
너의 이름과 23개의 초가 있는 훌륭한 케이크일 거야.

Teresa **Muchas gracias.**
정말 고맙다.

cumpleaños 생일 | **cumpliré** cumplir(만 몇 살이 되다) 동사의 직설법 미래 1인칭 단수 | **harás** hacer(하다) 동사의 직설법 미래 2인칭 단수 | **organizaré** organizar(조직하다) 동사의 직설법 미래 1인칭 단수 | **fiesta** 축제, 파티 | **especial** 특별한 | **invitarás** invitar(초대하다) 동사의 직설법 미래 2인칭 단수 | **invitaré** invitar(초대하다) 동사의 직설법 미래 1인칭 단수 | **íntimo / a** 친한 | **vendrán** venir(오다) 동사의 직설법 미래 3인칭 복수 | **aún** 아직 | **podrán** poder(할 수 있다) 동사의 직설법 미래 3인칭 복수 | **vendrá** venir(오다) 동사의 직설법 미래 3인칭 단수 | **viaje** 여행 Manuel está de viaje con su hermano. 마누엘은 그의 형과 여행 중이다 | **volvería** volver(돌아오다) 동사의 가정 미래 시제 1, 3인칭 단수 | **tal vez** 아마도 | **habrá** haber 조동사의 직설법 미래 3인칭 단수(과거 분사 앞에서 완료형을 만듦) | **llamaré** llamar(부르다, 전화하다) 동사의 직설법 미래 1인칭 단수 | **prepararás** preparar(준비하다) 동사의 직설법 미래 2인칭 단수 | **prepararé** preparar(준비하다) 동사의 직설법 미래 1인칭 단수 | **vario / a** 다양한 | **comida** 음식 | **bebida** 음료, 술 | **ayudarás** ayudar(도와주다) 동사의 직설법 미래 2인칭 단수 | **compraremos** comprar(사다) 동사의 직설법 미래 1인칭 복수 | **regalaré** regalar(선물하다) 동사의 직설법 미래 1인칭 단수 | **tarta** 케이크 | **vela** 초

Te regalaré una tarta.

1 직설법 미래

미래 시제를 표현함에 있어 'ir a + 동사 원형(~ 할 것이다)'은 이미 알고 있다. 그러나 스페인어는 특별한 조동사를 사용하지 않고 동사 자체가 미래형 변화를 하며 용법도 다양하다.

1 규칙 동사의 직설법 미래 변화형

(1) hablar, comer, vivir의 변화형 : 동사 원형에 미래 변화형 어미를 붙여 만든다.

hablar의 변화형

인칭 \ 수	단수	복수
1	hablaré	hablaremos
2	hablarás	hablaréis
3	hablará	hablarán

comer의 변화형

인칭 \ 수	단수	복수
1	comeré	comeremos
2	comerás	comeréis
3	comerá	comerán

vivir의 변화형

인칭 \ 수	단수	복수
1	viviré	viviremos
2	vivirás	viviréis
3	vivirá	vivirán

2 불규칙 동사

다른 형태의 동사 변화와 비교하여 상대적으로 직설법 미래에서 불규칙 변화를 하는 동사는 많지 않다.

(1) 어미의 모음 '-e-'와 '-i-'대신 '-d-'가 들어가는 동사군

tener	가지다	**tendré, tendrás, tendrá, tendremos, tendréis, tendrán**
poner	놓다	**pondré, pondrás, pondrá, pondremos, pondréis, pondrán**
valer	가치가 나가다	**valdré, valdrás, valdrá, valdremos, valdréis, valdrán**
venir	오다	**vendré, vendrás, vendrá, vendremos, vendréis, vendrán**
salir	나가다	**saldré, saldrás, saldrá, saldremos, saldréis, saldrán**

(2) 어미의 모음 '-e-'가 탈락되는 동사군

haber	~이 있다	**habré, habrás, habrá, habremos, habréis, habrán**
caber	들어가다	**cabré, cabrás, cabrá, cabremos, cabréis, cabrán**
saber	알다	**sabré, sabrás, sabrá, sabremos, sabréis, sabrán**
poder	할 수 있다	**podré, podrás, podrá, podremos, podréis, podrán**
querer	원하다	**querré, querrás, querrá, querremos, querréis, querrán**

(3) 동사 원형에서 모음과 자음이 탈락되는 동사군

hacer	하다	**haré, harás, hará, haremos, haréis, harán**
decir	말하다(어간 모음 'e'가 'i'로 바뀐다.)	
		diré, dirás, dirá, diremos, diréis, dirán

3 용법

(1) 미래의 행위나 상태를 표현한다.

Mis padres llegarán a Corea mañana. 나의 부모님은 내일 한국에 도착할 것이다.

(2) 현재의 상상이나 가능성을 표현한다.

Ese señor tendrá unos cuarenta años. 그 사람은 대략 **40**세쯤 될 거야.

(3) 명령이나 금지를 나타낼 때 사용할 수 있다.

Harás tal como te indico. 내가 지시하는 그대로 하여라.

Hoy no saldrás de casa. 오늘은 집 밖에 나가지 말아라.

Vendrán Uds. mañana. 당신들 내일 오십시오.

2 직설법 완료 미래

1 형태

"조동사 haber의 미래형 + 과거 분사"의 형태를 갖는다.

hablar, comer, vivir의 직설법 완료 미래형	단수	복수
	habré hablado habrás + comido habrá vivido	habremos hablado habréis + comido habrán vivido

2 용법

(1) 미래의 어느 시점을 기준으로 그때까지 동작이나 상태가 끝나 있음을 표현한다.

De hoy en ocho días habrán terminado el trabajo. 일주일 후면 그들은 작업을 이미 끝냈을 거야.

Antes de las doce ya lo habrá arreglado. 12시 전에 그는 이미 그것을 정리했을 거야.

(2) 시제에 상관없이 어떤 사실이 완료된 상태나 현재 완료의 내용을 추측할 때 사용한다.

El profesor habrá llegado ayer a Portugal. 교수님은 어제 포르투갈에 도착했을 것이다.

Juan habrá cumplido las misiones hoy. 후안은 오늘 임무를 완수했을 것이다.

Antonio habrá salido. 안또니오는 나갔을 것이다.

3 직설법 가정 미래

1 규칙 동사의 직설법 가정 미래 시제의 변화형

(1) hablar, comer, vivir의 변화형 : 동사 원형에 가정 미래 시제의 변화형 어미를 붙여 만든다.

인칭	수	단수	복수
	1	hablaría	hablaríamos
	2	hablarías	hablaríais
	3	hablaría	hablarían

(hablar의 변화형)

comer의 변화형	인칭 \ 수	단수	복수
	1	comer**ía**	comer**íamos**
	2	comer**ías**	comer**íais**
	3	comer**ía**	comer**ían**

vivir의 변화형	인칭 \ 수	단수	복수
	1	vivir**ía**	vivir**íamos**
	2	vivir**ías**	vivir**íais**
	3	vivir**ía**	vivir**ían**

2 불규칙 동사

(1) 어미의 모음 '-e-'와 '-i-'대신 '-d-'가 들어가는 동사군

tener 가지다 **tendría, tendrías, tendría, tendríamos, tendríais, tendrían**

poner 놓다 **pondría, pondrías, pondría, pondríamos, pondríais, pondrían**

valer 가치가 나가다 **valdría, valdrías, valdría, valdríamos, valdríais, valdrían**

venir 오다 **vendría, vendrías, vendría, vendríamos, vendríais, vendrían**

salir 나가다 **saldría, saldrías, saldría, saldríamos, saldríais, saldrían**

(2) 어미의 모음 '-e-'가 탈락되는 동사군

haber ~이 있다 **habría, habrías, habría, habríamos, habríais, habrían**

caber 들어가다 **cabría, cabrías, cabría, cabríamos, cabríais, cabrían**

saber 알다 **sabría, sabrías, sabría, sabríamos, sabríais, sabrían**

poder	할 수 있다	**podría, podrías, podría, podríamos, podríais, podrían**
querer	원하다	**querría, querrías, querría, querríamos, querríais, querrían**

(3) 동사 원형에서 모음과 자음이 탈락되는 동사군

hacer	하다	**haría, harías, haría, haríamos, haríais, harían**
decir	말하다(어간 모음 'e'가 'i'로 바뀐다)	
		diría, dirías, diría, diríamos, diríais, dirían

3 용법

(1) 가정 미래 시제는 과거에서 본 미래의 행위를 표현한다.

Dijo que vendría mañana. 그는 내일 오겠다고 말했다.

Les prometí a mis padres que estudiaría mucho. 나는 부모님에게 열심히 공부하겠다고 약속했다.

▶ **Dice que vendrá.** 그는 올 것이라고 말한다.(현재에서 미래 상황 표현)

(2) 과거의 추측을 표현한다.

¿Qué hora serían cuando llegaron? 그들이 도착했을 때 몇 시쯤 되었을까?

Serían las doce de la noche. 아마 밤 **12**시는 되었을 거야.

(3) 현재나 미래의 가능성을 표현한다.

Yo no iría. 나는 가지 않을 거야.

Sólo Ud. podría hacerlo. 당신만이 그것을 할 수 있을 것이다.

(4) 정중한 표현을 할 때 쓰인다.

Desearía hablar con usted. 당신과 이야기하고 싶은데요.

¿Podría ayudarme? 저를 도와주시겠어요?

¿Qué desearía Ud.? 무엇을 원하시는지요?

¿Podría tomarnos una foto? 사진 한 장 찍어주시겠어요?

¿Podría darme un vaso de agua? 제게 물 한 컵 주시겠어요?

(5) 현재의 행위를 이루지 못하는 데 따른 아쉬움을 표현한다.

Me gustaría ir contigo. 나는 너와 함께 가고 싶은데.(그럴 수 없다)

4 직설법 가정 미래 완료

1 형태

"조동사 haber의 가정 미래 + 과거 분사"의 형태를 갖는다.

	단수	복수
hablar, comer, vivir의 가정 미래 완료형	habría hablado habrías + comido habría vivido	habríamos hablado habríais + comido habrían vivido

2 용법

(1) 과거에서 본 미래 완료 : 어떤 행위가 과거에서 봤을 때 미래의 어느 시점까지는 이미 완료되어 있을 것이라고 상상하거나 추측할 때 사용한다.

Ana me dijo que Juan habría llegado al día siguiente.

아나는 후안이 다음날 도착했을 것이라고 나에게 말했다.

Me dijeron que por la noche ya habrían salido hacia Santiago.

그들이 내게 저녁때는 이미 산티아고를 향해 떠났을 것이라고 말했다.

(2) 대과거의 행위나 상황을 추측할 때 사용한다.

Ya habrían gastado más de mil euros. 그들은 벌써 천 유로 이상을 써버렸을 거야.

Habría venido ya. 이미 와 있을 거야.

Cuando llegaste ya habría terminado el programa, ¿no?

네가 도착했을 때는 이미 그 프로그램이 끝나 있었을 거야, 안 그래?

(3) 과거에 실현되지 못한 행위에 대한 아쉬움을 표현한다.

Te habría llamado, pero no tenía tu número de teléfono.

네게 전화했어야 했는데 너의 전화번호가 없었어.

Lo habría saludado, pero no lo vi.

나는 그에게 인사했어야 했는데 그를 만나지 못했어.

Te regalaré una tarta.

1 〈보기〉와 같이 다음 문장들을 연습하시오.

> **보기**
>
> Yo le escribo una carta. / mañana   <u>Mañana le escribiré una carta.</u>

1 Ellas nos invitan al teatro. / esta noche
2 Mi amigo estudia español. / el año que viene
3 Te llamo a las siete por teléfono. / esta tarde
4 Comemos en un restaurante italiano. / el sábado que viene
5 Juan va a la escuela. / el próximo lunes.

2 〈보기〉와 같이 다음 문장들을 연습하시오.

> **보기**
>
> No tengo tiempo.   <u>No tendré tiempo.</u>

1 María no dice nada.
2 Ella se pone un vestido.
3 José sale de casa a las ocho.
4 Ellos vienen a la fiesta.
5 No podemos ir al parque.
6 ¿Qué hacemos?
7 Ella sabe tu número de teléfono.
8 No hay entradas.
9 Quiero comprar una flor.

10 En esta sala no cabe tanta gente. ____

3 〈보기〉와 같이 다음 문장들을 연습하시오.

보기	¿Me puedes ayudar? ¿Me podrías ayudar?

1 ¿Puede Ud. esperar un momento? ____

2 ¿Me llama Ud. por teléfono? ____

3 ¿Me puedes decir qué hora es? ____

4 ¿Qué quiere Ud.? ____

5 ¿Le puedo hacer una pregunta? ____

4 다음의 대화를 스페인어로 작문해보시오.

A : 내일이 내 생일이야! 만 23살이 되거든.　　　　B : 좋겠다. 너 뭐 할 거니?

A : 집에서 특별한 파티를 열 거야.　　　　B : 누구를 초대할 거니?

A : 친한 모든 친구들을 초대할 거야.　　　　B : 몇 명이나 올까?

A : 아직은 몰라. 루이스, 알폰소 그리고 호세가 올 수 있을 거야.
　 마누엘은 그의 형과 여행 중이기 때문에 오지 못할 것이라고 생각해.

B : 하지만 마누엘이 오늘 오후에 돌아올 것이라고 내게 말했어. 아마도 집에 도착해 있을 거야.

A : 그러면 조금 후에 그에게 전화해볼게.　　　　B : 좋아. 무엇을 준비할 거니?

A : 다양한 음식과 음료들을 준비할 거야. 나를 도와줄 거지?

B : 물론이지. 나는 너에게 아주 예쁜 케이크를 선물할게. 너의 이름과 23개의 초가 있는 훌륭한 케이크일 거야.

A : 정말 고맙다.

양승관의 **기초 스페인어**

16

En el quiosco se venden periódicos.

신문 가판대에서 신문이 팔립니다.

학습 내용

스페인 생활과 관련된 표현

문법 사항

비인칭 구문
재귀 수동 구문
상호의 se 구문
관계 부사

En el quiosco se venden periódicos.

Minsu **¿Sabes dónde se venden periódicos?**

너 어디에서 신문이 판매되는지 아니?

Teresa **En el quiosco. Está en la esquina de la calle.**

신문 판매소에서 판매돼. 거리의 모퉁이에 있어.

Minsu **¿Allí se venden también revistas musicales?**

거기에서 음악 잡지도 파니?

Teresa **Sí.**

그래.

Minsu **¡Teresa! Tengo hambre. Vamos a comer algo.**

떼레사! 나 배가 고프다. 뭔가를 먹으러 가자.

Teresa **Pero ahora sólo son las doce y media.**

그러나 지금은 단지 12시 반이야.

¿A qué hora se come en tu país?

너의 나라에서는 몇 시에 점심식사를 하니?

Minsu **En mi país se come a las doce más o menos.**

나의 나라에서는 대략 12시에 점심식사를 해.

Y la cena tiene lugar a partir de las seis de la tarde.

그리고 저녁식사는 오후 6시부터 해.

Teresa **En España se suele comer y cenar muy tarde.**

스페인에서는 아주 늦게 점심과 저녁식사를 하곤 해.

Lo más normal es comer a las dos de la tarde.

가장 일반적인 것은 오후 2시에 점심을 먹는 거야.

En los restaurantes se puede comer más tarde.

식당에서는 더 늦게 점심을 먹을 수 있어.

En las familias españolas se suele cenar entre 9 y 10 de la noche.

스페인 가정에서는 저녁 9 ~ 10시 사이에 저녁을 먹곤 하지.

Minsu **Entonces, ¿aún no se abre el restaurante?**

그러면 아직 식당이 열리지 않았을까?

Teresa **Aún no. Pero ahora podemos comer algo en cualquier cafetería donde también se sirven bebidas y comidas.**

아직 열리지 않았어. 그러나 지금 그 어떤 간이식당에서 뭔가를 먹을 수 있어.

그곳에서도 역시 음료수와 먹을거리들이 제공돼.

단어 및 표현 정리

se venden vender(팔리다) 동사의 재귀 수동형 3인칭 복수 **|** **periódico** 신문 ¿Sabes dónde se venden periódicos? 신문이 어디에서 판매되는지 아니? **|** **quiosco** 매점, 신문 판매소(quiosco de periódicos) **|** **esquina** 구석, 모퉁이 **|** **revista** 잡지 **|** **musical** 음악의 revistas musicales 음악 잡지들 **|** **se come** comer(먹다, 점심을 먹다) 동사의 비인칭형 ¿A qué hora se come en tu país? 너의 나라에서는 몇 시에 점심 식사를 하니? **|** **más o menos** 대략, 약 **|** **cena** 저녁식사, 만찬 **|** **tiene lugar** 일어나다, 거행되다 **|** **partir** 출발하다 a partir de ~부터 **|** **se suele** soler(대개 ~하다, 종종 ~하다) 동사의 비인칭형 En España se suele comer y cenar muy tarde. 스페인에서는 아주 늦게 점심과 저녁식사를 먹곤 합니다. **|** **normal** 정상적인, 일반적인 **|** **lo más +** 형용사 가장 ~ 인 것 Lo más normal 가장 정상적인 것은 **|** **entre** ~의 사이에 entre 9 y 10 de la noche 저녁 9 ~ 10시 사이에 **|** **donde** 그곳에서(장소를 나타내는 관계 부사) **|** **se sirven** servir(제공하다) 동사의 재귀 수동형 3인칭 복수 **|** **cualquier** 어떤 것이라도, 누구라도(cualquiera가 단수 명사 앞에 있을 때 '-a'가 탈락된다.) **|** **bebida** 음료수, 마실 것 **|** **comida** 음식, 먹을거리

1 비인칭 구문

비인칭 구문은 "se + 3인칭 단수 동사 + 목적어"로 구성되며, 동사가 항상 3인칭 단수형이다.

En este restaurante se come muy bien. 이 식당은 음식 맛이 아주 좋습니다.

Con esta pluma no se puede escribir. 이 펜으로 쓸 수가 없다.

Se dice que los dos partidos han llegado a un acuerdo. 두 정당이 합의에 도달했다고들 말한다.

En este país se habla español. 이 나라에서는 스페인어를 말한다.

Se alquila apartamentos junto al mar. 바닷가에 있는 아파트를 세놓는다.

Este año se vendió menos coches que el año pasado. 올해는 지난해보다 자동차들이 덜 팔렸다.

A partir de las 10 de la noche no se permite visitas. 저녁 **10**시부터는 방문이 허용되지 않는다.

En las familias españolas se suele cenar entre 9 y 10 de la noche.

스페인의 가정은 대개 **9 ~ 10**시 사이에 저녁식사를 먹습니다.

Se come arroz en Corea. 한국에서는 밥을 먹는다.

No se fuma aquí. 여기에서는 금연입니다.

도우미

3인칭 복수형 동사에 의한 무인칭 : 주어는 특정한 "그들"이 아니므로 "그들"이라고 해석해서는 안 된다.
Dicen que él es un hombre bueno.(= Se dice que⋯) 그는 좋은 사람이라고들 한다.

2 재귀 수동 구문

재귀 수동 구문은 "se + 3인칭 단수 / 복수 동사 + 3인칭 단수 / 복수 주어"로 구성된다. 비인칭 se와의 차이는 비인칭형은 "se + 단수 동사 + 목적어"이며, 동사가 항상 3인칭 단수형이라는 것이다.

Se vende(n) la(s) casa(s). 그 집(들)은 팔린다.

Aquí se venden frutas. 여기서는 과일들이 팔린다.

Las medicinas se venden solamente en las farmacias. 의약품들은 약국에서만 판매된다.

Se alquila apartamento. 아파트를 세놓는다.

Se alquilan apartamentos. 아파트들을 세놓는다.

Se agotó la bebida. 음료수가 떨어졌다.

Se agotaron las bebidas. 음료수들이 떨어졌다.

Se solucionó el problema. 그 문제가 해결되어졌다.

Se solucionaron los problemas. 그 문제들이 해결되어졌다.

3 상호의 se 구문

1 형태는 재귀 동사와 같고, 다른 점은 주어가 항상 복수이고 단수일 수 없다는 것이다. 동사 변화형도 3가지밖에 없다. 즉, "서로 ~ 하다"라고 말할 때에 nos, os, se를 붙여서 만든다.

nos amamos. 우리는 서로 사랑한다.

os amáis. 너희들은 서로 사랑한다.

se aman. 그들은 서로 사랑한다.

2 "서로 서로"라는 의미를 가진 말(uno a otro, unos a otros, mutuamente, recíprocamente)을 보충해주면 의미가 명확해진다.

Padre e hijo se irritaron mutuamente (recíprocamente). 아버지와 아들은 서로 으르렁대고 있었다.

Se golpearon unos a otros. 그들은 서로 때렸다.

El profesor y los alumnos se respetan uno a otro. 교수님과 학생들은 서로를 존중한다.

도우미

여자들끼리 "서로 서로"라는 표현을 할 경우 **una a otra** 또는 복수로 **unas a otras**라고 해야 한다.
María y Ana se saludan una a otra. 마리아와 아나는 서로 인사를 한다.

4 관계 부사

관계 부사는 부사와 접속사의 역할을 하고 선행사로 부사(구) 또는 명사를 둘 수 있다. 선행사가 관계 부사에 내포되어 있을 수 있다. 대체적으로 다음의 세 종류가 쓰인다.

1 donde

장소를 나타내는 관계 부사로서 장소를 의미하는 명사 또는 부사(구) 등을 선행사로 둔다.

Vamos a la cafetería donde se sirven café y comidas. 커피와 먹을 것이 제공되는 간이식당으로 가자.

Quiero ir a donde tú vas. 네가 가는 곳으로 가고 싶다.

Éste es el restaurante donde me encontré con María. 이곳이 내가 마리아와 만났던 식당이다.

2 cuando

때를 나타내는 관계 부사로서 시간을 나타내는 명사 또는 부사(구) 등을 선행사로 둔다.

Entonces fue cuando la vi a ella por primera vez. 내가 그녀를 처음 본 것은 그때였다.

Era primavera cuando fui a España por primera vez. 내가 처음으로 스페인에 갔을 때는 봄이었다.

Ya es la hora cuando debes partir. 이제 네가 떠나야 할 시간이다.

3 como

방법을 나타내는 관계 부사로서 방법을 의미하는 명사 또는 부사(구) 등을 선행사로 둔다.

Juan sabe la manera como sobrevive aquí. 후안은 어떻게 여기에서 살아남을지를 알고 있다.

En el quiosco se venden periódicos. · · · · · · · · · ·

1 괄호 안의 동사들을 적절한 형태로 변화시켜 넣으시오.

1 En este restaurante se __________ (comer) muy bien.

2 Aquí se __________ (vender) frutas.

3 El profesor y los alumnos se __________ (respetar) uno a otro.

4 Se __________ (agotar) las bebidas.

5 María y Juan se __________ (amar).

6 En este país se __________ (hablar) español.

7 Con esta pluma no se __________ (poder) escribir.

8 María y Ana se __________ (saludar) una a otra.

9 En España se __________ (soler) cenar entre 9 y 10 de la noche.

10 Se __________ (solucionar) los problemas.

2 괄호 안에 적절한 관계 부사를 넣으시오.

1 Queremos ir a __________ tú vas.

2 Entonces fue __________ la vimos a ella por primera vez.

3 Vamos a la cafetería __________ se sirven café y comidas.

4 Este hombre sabe la manera __________ sobrevive aquí.

5 Era invierno __________ fui a España por primera vez.

6 Ya es la hora __________ debes partir.

7 Éste es el restaurante __________ me encontré con María.

3 다음의 대화를 스페인어로 작문해보시오.

A : 너 어디에서 신문이 판매되는지 아니?

B : 신문 판매소에서 판매돼. 거리의 모퉁이에 있어.

A : 거기에서 음악 잡지도 파니?

B : 그래.

A : 나 배가 고프다. 뭔가를 먹으러 가자.

B : 그러나 지금은 단지 12시 반이야.

　　너의 나라에서는 몇 시에 점심식사를 하니?

A : 나의 나라에서는 대략 12시에 점심식사를 해.

　　그리고 저녁식사는 오후 6시부터 해.

B : 스페인에서는 아주 늦게 점심과 저녁식사를 하곤 해.

　　가장 일반적인 것은 오후 2시에 점심을 먹는 거야. 식당에서는 더 늦게 점심을 먹을 수 있어.

　　스페인 가정에서는 저녁 9 ~ 10시 사이에 저녁식사를 먹곤 하지.

A : 그러면 아직 식당이 열리지 않았을까?

B : 아직 열리지 않았어. 그러나 지금 그 어떤 간이식당에서 뭔가를 먹을 수 있어.

　　그곳에서도 역시 음료수와 먹을거리들이 제공돼.

부록

명사의 성

1 남성과 여성이 같은 형태가 있다. 관사로 성을 구별한다.

(el) deportista	**(la) deportista**	운동선수
(el) futbolista	**(la) futbolista**	축구선수
(el) periodista	**(la) periodista**	기자
(el) estudiante	**(la) estudiante**	학생
(el) navegante	**(la) navegante**	항해자
(el) participante	**(la) participante**	참가자
(el) joven	**(la) joven**	젊은이
(el) testigo	**(la) testigo**	증인
(el) guía	**(la) guía**	가이드, 안내인
(el) modelo	**(la) modelo**	모델
(el) soldado	**(la) soldado**	군인

2 단어의 형태는 같으나 성에 따라 뜻이 서로 다른 명사들이 있다.

(el) ayuda 하인	**(la) ayuda** 도움, 원조
(el) cabeza 두목	**(la) cabeza** 머리
(el) canal 운하	**(la) canal** 수(도)관
(el) orden 질서	**(la) orden** 명령
(el) guía 안내인	**(la) guía** 안내서
(el) policía 경찰관	**(la) policía** 경찰
(el) guardia 경비명	**(la) guardia** 경비대
(el) capital 자본	**(la) capital** 수도

(el) frente 전면, 전선 　　　　**(la) frente** 이마

(el) pendiente 귀걸이 　　　　**(la) pendiente** 비탈길

(el) radio 라디오 수신기 　　　　**(la) radio** 라디오 방송(국)

명사의 수

1 항상 복수형으로만 쓰이는 명사

matemáticas 수학 　　　　**las gafas** 안경

las tijeras 가위 　　　　**las pinzas** 핀셋

las esposas 수갑 　　　　**los guantes** 장갑

2 단수형일 때와 복수형일 때 의미가 다른 명사

letra 문자 　　　　**letras** 문학

agua 물 　　　　**aguas** 바다, 해역

alrededor 주위 　　　　**alrededores** 근교

día 날 　　　　**días** 생애, 시기

gracia 우아, 기품 　　　　**gracias** 감사

lente 렌즈 　　　　**lentes** 안경

단수와 복수 동형 명사

이 명사들은 관사로 단수와 복수형을 구분한다.

1 -s로 끝나는 요일명

(el) lunes 월요일

(el) martes 화요일

(el) miércoles 수요일

(el) jueves 목요일

(el) viernes 금요일

(los) lunes 매주 월요일

(los) martes 매주 화요일

(los) miércoles 매주 수요일

(los) jueves 매주 목요일

(los) viernes 매주 금요일

2 합성어

(el) cortaplumas 연필 깎는 칼

(el) cumpleaños 생일

(el) paraguas 우산

(los) cortaplumas 연필 깎는 칼들

(los) cumpleaños 생일들

(los) paraguas 우산들

소유 형용사의 후치형

단수		복수	
mío(a)	나의	**míos(as)**	나의
tuyo(a)	너의	**tuyos(as)**	너의
suyo(a)	그의, 그녀의, 당신의	**suyos(as)**	그의, 그녀의, 당신의
nuestro(a)	우리들의	**nuestros(as)**	우리들의
vuestro(a)	너희들의	**vuestros(as)**	너희들의
suyo(a)	그들의, 그녀들의, 당신들의	**suyos(as)**	그들의, 그녀들의, 당신들의

후치형은 명사의 뒤에 위치시킨다. 전치형을 쓸 때는 관사와 함께 쓰이지 않으나 후치형을 쓸 때는 반드시 관사와 함께 사용한다. 그러나 후치형 단독으로 ser 동사의 보어가 되기도 한다.

Los amigos nuestros estudian en la clase. 우리 친구들은 교실에서 공부한다.

La casa suya es grande. 그의 집은 크다.

La mesa es mía. 그 탁자는 나의 것이다.

El coche es suyo. 그 차는 당신 것입니다.

도우미

3인칭 단·복수인 **suyo**와 **suyos**는 각각 **6**가지 의미를 가질 수 있다 :

la casa suya = 그 / 그들 / 그녀 / 그녀들 / 당신 / 당신들의 집

las casas suyas = 그 / 그들 / 그녀/ 그녀들 / 당신 / 당신들의 집들

따라서 의미의 혼돈을 피하기 위해 전치사 **de**를 사용하여 그 의미를 명확하게 할 수 있다.

la casa suya = la casa de él / ellos / ella / ellas / Ud. / Uds.

las casas suyas = las casas de él / ellos / ella / ellas / Ud. / Uds.

소유 대명사

소유 대명사는 "정관사 + 소유 형용사 후치형"으로 이루어지며 이때 정관사와 소유 형용사는 그것이 대신하는 명사의 성·수에 일치한다.

단수		복수	
el mío **(la mía)**	나의 것	**los míos** **(las mías)**	나의 것들
el tuyo **(la tuya)**	너의 것	**los tuyos** **(las tuyas)**	너의 것들
el suyo **(la suya)**	그의 / 그녀의 것, 당신의 것	**los suyos** **(las suyas)**	그의 / 그녀의 것들, 당신의 것들
el nuestro **(la nuestra)**	우리들의 것	**los nuestros** **(las nuestras)**	우리들의 것들
el vuestro **(la vuestra)**	너희들의 것	**los vuestros**	너희들의 것들
el suyo **(la suya)**	그들의 / 그녀들의 것, 당신들의 것	**los suyos** **(las suyas)**	그들의 / 그녀들의 것들, 당신들의 것들

La casa de María y la mía están aquí. 마리아의 집과 나의 집은 여기에 있습니다.

Nuestro gato es negro y el vuestro es blanco. 우리 고양이는 검고 너희들의 것은 하얗다.

Mi casa es grande, pero la tuya es pequeña. 나의 집은 크지만 너의 집은 작다.

¿Cuál es la tuya entre estas plumas? 이 펜들 중에서 네 것이 어느 것이니?

Ésta es la mía. 이것이 나의 것입니다.

국명 및 국명 형용사

	국가명	형용사(남성형)	형용사(여성형)
아르헨티나	(la) Argentina	argentino	argentina
독일	Alemania	alemán	alemana
볼리비아	Bolivia	boliviano	boliviana
캐나다	Canadá	canadiense	canadiense
칠레	Chile	chileno	chilena
콜롬비아	Colombia	colombiano	colombiana
한국	Corea	coreano	coreana
코스타리카	Costa Rica	costarricense	costarricense
쿠바	Cuba	cubano	cubana
에콰도르	(el) Ecuador	ecuatoriano	ecuatoriana
스페인	España	español	española
미국	(los) Estados Unidos	estadounidense	estadounidense
프랑스	Francia	francés	francesa
과테말라	Guatemala	guatemalteco	guatemalteca
온두라스	Honduras	hondureño	hondureña
영국	Inglaterra	inglés	inglesa
일본	Japón	japonés	japonesa
멕시코	México	mexicano	mexicana
니카라과	Nicaragua	nicaragüense	nicaragüense
파나마	Panamá	panameño	panameña
파라과이	Paraguay	paraguayo	paraguaya
페루	(el) Perú	peruano	peruana
포르투갈	Portugal	portugués	portuguesa
푸에르토리코	Puerto Rico	puertorriqueño	puertorriqueña
도미니카	República Dominicana	dominicano	dominicana
엘살바도르	El Salvador	salvadoreño	salvadoreña
우루과이	(el) Uruguay	uruguayo	uruguaya
베네수엘라	Venezuela	venezolano	venezolana

수사

기수(0 ~ 1조)

0 cero	**1** uno	**2** dos
3 tres	**4** cuatro	**5** cinco
6 seis	**7** siete	**8** ocho
9 nueve	**10** diez	**11** once
12 doce	**13** trece	**14** catorce
15 quince	**16** dieciséis	**17** diecisiete
18 dieciocho	**19** diecinueve	**20** veinte
21 veintiuno	**22** veintidós	**23** veintitrés
24 veinticuatro	**25** veinticinco	**26** veintiséis
27 veintisiete	**28** veintiocho	**29** veintinueve
30 treinta	**31** treinta y uno	**32** treinta y dos
39 treinta y nueve	**40** cuarenta	**41** cuarenta y uno
42 cuarenta y dos	**49** cuarenta y nueve	**50** cincuenta
51 cincuenta y uno	**52** cincuenta y dos	**59** cincuenta y nueve
60 sesenta	**61** sesenta y uno	**62** sesenta y dos
69 sesenta y nueve	**70** setenta	**71** setenta y uno
72 setenta y dos	**79** setenta y nueve	**80** ochenta
81 ochenta y uno	**82** ochenta y dos	**89** ochenta y nueve
90 noventa	**91** noventa y uno	**92** noventa y dos
99 noventa y nueve	**100** cien / ciento	**101** ciento uno
102 ciento dos	**109** ciento nueve	**116** ciento dieciséis

119 ciento diecinueve　　**120** ciento veinte　　**130** ciento treinta

200 doscientos　　**201** doscientos uno　　**300** trescientos

400 cuatrocientos　　**500** quinientos　　**600** seiscientos

700 setecientos　　**800** ochocientos　　**900** novecientos

1,000 mil　　**1,001** mil uno　　**1,500** mil quinientos

10,000 diez mil　　**100,000** cien mil　　**1,000,000** un millón

1억 cien millones　　**10억** mil millones　　**100억** diez mil millones

1,000억 cien mil millones　　**1조** un billón

과거 분사

1 과거 분사의 형태

(1) 규칙 형태

동사 어미가 '-ar'로 끝나면 '-ado'로 바꾸고, '-er'와 '-ir'로 끝나면 '-ido'로 바꾸어 과거 분사형을 만든다.

> **hablar - hablado**　　**comer - comido**　　**vivir - vivido**

(2) 과거 분사의 불규칙 형태는 다음과 같이 나눌 수 있다.

(i) 과거 분사의 어미가 '-to'인 동사들

abrir 열다　　　　▶　　　　**abierto**

237

escribir 쓰다	▶	**escrito**
morir 죽다	▶	**muerto**
poner 놓다	▶	**puesto**
ver 보다	▶	**visto**
volver 돌아가다	▶	**vuelto**

(ii) 과거 분사의 어미가 '-cho'인 동사들

| **hacer** 하다 | ▶ | **hecho** |
| **decir** 말하다 | ▶ | **dicho** |

2 과거 분사의 용법

(1) 형용사로 쓰이는 과거 분사

과거 분사는 형용사와 마찬가지로 명사를 직접 수식하거나 보어로 쓰일 수 있다. 이때 과거 분사는 수식하는 명사의 성·수에 일치시켜야 한다.

los libros escritos en español 스페인어로 쓰여진 책들

Teresa está cansada. 떼레사는 지쳐 있다.

La clase está bastante desordenada. 교실이 매우 어질러져 있다.

una pareja recién casada 막 결혼한 한 쌍

(2) Estar + 과거 분사로 완료된 상태를 나타낸다.

과거 분사는 주어의 성·수에 일치시켜야 한다. Estar 동사가 현재일 경우라도 완료된 행위를

뜻하게 된다.

La comida está preparada. 식사가 준비되었다.

접속법 불완료 과거

접속법 불완료 과거에는 ~ ra와 ~ se의 두 가지 형태가 있는데 어느 것을 사용하여도 무방하며 완료되지 않은 과거의 행위를 표현할 때 사용된다.

1 형태

모든 동사의 완료 과거 단순형 3인칭 복수가 ~ ron으로 끝남을 알고 있다. 여기에서 ~ ron을 떼어내고 접속법 불완료 과거형 어미를 붙이면 된다.

hablar, comer, vivir의 접속법 불완료 과거형을 보자.

hablar	comer	vivir
hablara(-se)	comiera(-se)	viviera(-se)
hablaras(-ses)	comieras(-ses)	vivieras(-ses)
hablara(-se)	comiera(-se)	viviera(-se)
habláramos(-semos)	comiéramos(-semos)	viviéramos(-semos)
hablarais(-seis)	comierais(-seis)	vivierais(-seis)
hablaran(-sen)	comieran(-ses)	vivieran(-sen)

몇몇 동사의 경우를 살펴보자.

동사 원형	직설법 완료 과거 단순형 (3인칭 복수형)	접속법 불완료 과거형
dar	die**ron**	diera(diese)
estar	estuvie**ron**	estuviera(estuviese)
caber	cupie**ron**	cupiera(cupiese)
dormir	durmie**ron**	durmiera(durmiese)
decir	dije**ron**	dijera(dijese)
ir	fue**ron**	fuera(fuese)

2 용법

(1) 명사절에 사용되는 경우

기본적으로 접속법 현재의 용법과 비슷하고 다만 시제가 과거란 점만 다르다. 즉 주절의 동사가 대체적으로 직설법 불완료 과거나 완료 과거 단순형이다.

Te dije que vinieras cuanto antes. 가능한 빨리 오라고 얘기했다.

(2) 무인칭 표현의 명사절에 사용되는 경우

Era imposible que Cenicienta fuera a la fiesta. 신데렐라가 파티에 가는 것은 불가능했었다.

(3) 형용사절에 사용되는 경우

Iba a hacer todo lo que Ud. dijera. 당신이 말하는 것은 모두 하려고 했었다.

(4) 부사절에 사용되는 경우

Mandé a mi hijo a España para que estudiara literatura medieval.

나는 중세 문학을 공부하라고 내 아들을 스페인에 보냈다.

(5) 현재 사실에 반대되는 가정문

접속사는 조건을 나타내는 si를 사용하며 조건문에 접속법 불완료 과거를 쓰고 귀결문에 가정 미래 현재를 쓴다.

$$\underline{\textbf{Si +}\ \text{접속법 불완료 과거},\quad \text{가정 미래}}$$

조건문　　　　귀결문

Si tuviera más tiempo, lo podría terminar.

시간이 더 있다면 그것을 끝낼 수 있을 텐데. (현재 시간이 없어서 끝낼 수가 없다)

접속법 현재 완료

1 형태

"조동사 haber의 접속법 현재형 + 과거 분사"의 형태이다.

hablar, comer, vivir의 접속법 현재 완료

단수		복수	
haya	hablado	hayamos	hablado
hayas +	comido	hayáis +	comido
haya	vivido	hayan	vivido

2 용법

(1) 종속절의 주어의 행위가 과거에 이루어졌으리라는 것을 현재에 부정, 호의, 유감으로 여길 때 쓰인다.

No creemos que Carlos haya llegado a tiempo.

우리는 까를로스가 제시간에 도착했으리라고 믿지 않는다.

(2) 종속절의 내용이 이미 실제로 이루어진 행위라도 주절의 동사가 개인적인 감정 등을 의미하는 동사인 경우에 쓰인다.

Me alegro de que tú hayas vuelto. 네가 돌아와서 나는 기쁘다.

접속법 과거 완료(대과거)

1 형태

"조동사 haber의 접속법 불완료 과거형 + 과거 분사"의 형태이다.

hablar, comer, vivir의 접속법 과거 완료

단수			복수		
hubiera(se)		hablado	hubiéramos(semos)		hablado
hubieras(ses)	+	comido	hubierais(seis)	+	comido
hubiera(se)		vivido	hubieran(ses)		vivido

2 용법

(1) 주절의 행위보다 종속절의 행위가 먼저 완료됐으리라는 것을 표현할 때

No sabía que tu esposa hubiera conseguido ese trabajo.

너의 아내가 그 일을 얻었으리라는 것을 모르고 있었다.

(2) 과거 사실에 반대되는 가정문에 사용 – 접속사는 si를 사용하며 조건문에 접속법 과거 완료를 쓰고, 귀결문에는 가정 미래 완료형을 쓴다.

<u>**Si +** 접속법 과거 완료형,</u>　　<u>가정 미래 완료형</u>
　　　　조건문　　　　　　　　　　귀결문

Si hubiera tenido más tiempo, lo habría podido terminar.

시간이 더 있었더라면, 그것을 끝낼 수 있었을 텐데. (시간이 없었으므로 결국은 끝내지 못하였다.)

규칙 동사 변화표

법	직설법				
동사 \ 시제	현재	완료 과거 단순형 (부정 과거)	불완료 과거	미래	조건
hablar 말하다 hablando hablado	hablo hablas habla hablamos habláis hablan	hablé hablaste habló hablamos hablasteis hablaron	hablaba hablabas hablaba hablábamos hablabais hablaban	hablaré hablarás hablará hablaremos hablaréis hablarán	hablaría hablarías hablaría hablaríamos hablaríais hablarían
comer 먹다 comiendo comido	como comes come comemos coméis comen	comí comiste comió comimos comisteis comieron	comía comías comía comíamos comíais comían	comeré comerás comerá comeremos comeréis comerán	comería comerías comería comeríamos comeríais comerían
vivir 살다 viviendo vivido	vivo vives vive vivimos vivís viven	viví viviste vivió vivimos vivisteis vivieron	vivía vivías vivía vivíamos vivíais vivían	viviré vivirás vivirá viviremos viviréis vivirán	viviría vivirías viviría viviríamos viviríais vivirían

접속법				명령법
현재	불완료 과거 (ra형)	불완료 과거 (se형)	미래	현재
hable	hablara	hablase	hablare	x
hables	hablaras	hablases	hablares	habla
hable	hablara	hablase	hablare	hable
hablemos	habláramos	hablásemos	habláremos	hablemos
habléis	hablarais	hablaseis	hablareis	hablad
hablen	hablaran	hablasen	hablaren	hablen
coma	comiera	comiese	comiere	x
comas	comieras	comieses	comieres	come
coma	comiera	comiese	comiere	coma
comamos	comiéramos	comiésemos	comiéremos	comamos
comáis	comierais	comieseis	comiereis	comed
coman	comieran	comiesen	comieren	coman
viva	viviera	viviese	viviere	x
vivas	vivieras	vivieses	vivieres	vive
viva	viviera	viviese	viviere	viva
vivamos	viviéramos	viviésemos	viviéremos	vivamos
viváis	vivierais	vivieseis	viviereis	vivid
vivan	vivieran	viviesen	vivieren	vivan

불규칙 동사 변화표 ·

법	직설법				
동사　　시제	현재	완료 과거 단순형 (부정 과거)	불완료 과거	미래	조건
actuar 움직이다 **actuando** **actuado**	actúo actúas actúa actuamos actuáis actúan	actué actuaste actuó actuamos actuasteis actuaron	actuaba actuabas actuaba actuábamos actuabais actuaban	actuaré actuarás actuará actuaremos actuaréis actuarán	actuaría actuarías actuaría actuaríamos actuaríais actuarían
adecuar 알맞게하다 **adecuando** **adecuado**	adecuo adecuas adecua adecuamos adecuáis adecuan	adecué adecuaste adecuó adecuamos adecuasteis adecuaron	adecuaba adecuabas adecuaba adecuábamos adecuabais adecuaban	adecuaré adecuarás adecuará adecuaremos adecuaréis adecuarán	adecuaría adecuarías adecuaría adecuaríamos adecuaríais adecuarían
adquirir 획득하다 **adquiriendo** **adquirido**	adquiero adquieres adquiere adquirimos adquirís adquieren	adquirí adquiriste adquirió adquirimos adquiristeis adquirieron	adquiría adquirías adquiría adquiríamos adquiríais adquirían	adquiriré adquirirás adquirirá adquiriremos adquiriréis adquirirán	adquiriría adquirirías adquiriría adquiriríamos adquiriríais adquirirían
advertir 알아채다 **advirtiendo** **advertido**	advierto adviertes advierte advertimos advertís advierten	advertí advertiste advirtió advertimos advertisteis advirtieron	advertía advertías advertía advertíamos advertíais advertían	advertiré advertirás advertirá advertiremos advertiréis advertirán	advertiría advertirías advertiría advertiríamos advertiríais advertirían
andar 걷다 **andando** **andado**	ando andas anda andamos andáis andan	anduve anduviste anduvo anduvimos anduvisteis anduvieron	andaba andabas andaba andábamos andabais andaban	andaré andarás andará andaremos andaréis andarán	andaría andarías andaría andaríamos andaríais andarían

	접속법			명령법
현재	불완료 과거 (ra형)	불완료 과거 (se형)	미래	현재
actúe	actuara	actuase	actuare	x
actúes	actuaras	actuases	actuares	actúa
actúe	actuara	actuase	actuare	actúe
actuemos	actuáramos	actuásemos	actuáremos	actuemos
actuéis	actuarais	actuaseis	actuareis	actuad
actúen	actuaran	actuasen	actuaren	actúen
adecue	adecuara	adecuase	adecuare	x
adecues	adecuaras	adecuases	adecuares	adecua
adecue	adecuara	adecuase	adecuare	adecue
adecuemos	adecuáramos	adecuásemos	adecuáremos	adecuemos
adecuéis	adecuarais	adecuaseis	adecuareis	adecuad
adecuen	adecuaran	adecuasen	adecuaren	adecuen
adquiera	adquiriera	adquiriese	adquiriere	x
adquieras	adquirieras	adquirieses	adquirieres	adquiere
adquiera	adquiriera	adquiriese	adquiriere	adquiera
adquiramos	adquiriéramos	adquiriésemos	adquiriéremos	adquiramos
adquiráis	adquirierais	adquirieseis	adquiriereis	adquirid
adquieran	adquirieran	adquiriesen	adquirieren	adquieran
advierta	advirtiera	advirtiese	advirtiere	x
adviertas	advirtieras	advirtieses	advirtieres	advierte
advierta	advirtiera	advirtiese	advirtiere	advierta
advirtamos	advirtiéramos	advirtiésemos	advirtiéremos	advirtamos
advirtáis	advirtierais	advirtieseis	advirtiereis	advertid
adviertan	advirtieran	advirtiesen	advirtieren	adviertan
ande	anduviera	anduviese	anduviere	x
andes	anduvieras	anduvieses	anduvieres	anda
ande	anduviera	anduviese	anduviere	ande
andemos	anduviéramos	anduviésemos	anduviéremos	andemos
andéis	anduvierais	anduvieseis	anduviereis	andad
anden	anduvieran	anduviesen	anduvieren	anden

법	직설법				
동사　시제	현재	완료 과거 단순형 (부정 과거)	불완료 과거	미래	조건
asir 쥐다 **asiendo** **asido**	asgo ases ase asimos asís asen	así asiste asió asimos asisteis asieron	asía asías asía asíamos asíais asían	asiré asirás asirá asiremos asiréis asirán	asiría asirías asiría asiríamos asiríais asirían
caber 들어차다 **cabiendo** **cabido**	quepo cabes cabe cabemos cabéis caben	cupe cupiste cupo cupimos cupisteis cupieron	cabía cabías cabía cabíamos cabíais cabían	cabré cabrás cabrá cabremos cabréis cabrán	cabría cabrías cabría cabríamos cabríais cabrían
caer 떨어지다 **cayendo** **caído**	caigo caes cae caemos caéis caen	caí caíste cayó caímos caísteis cayeron	caía caías caía caíamos caíais caían	caeré caerás caerá caeremos caeréis caerán	caería caerías caería caeríamos caeríais caerían
cambiar 바꾸다 **cambiando** **cambiado**	cambio cambias cambia cambiamos cambiáis cambian	cambié cambiaste cambió cambiamos cambiasteis cambiaron	cambía cambías cambía cambíamos cambíais cambían	cambiaré cambiarás cambiará cambiaremos cambiaréis cambiarán	cambiaría cambiarías cambiaría cambiaríamos cambiaríais cambiarían
coger 쥐다, 잡다 **cogiendo** **cogido**	cojo coges coge cogemos cogéis cogen	cogí cogiste cogió cogimos cogisteis cogieron	cogía cogías cogía cogíamos cogíais cogían	cogeré cogerás cogerá cogeremos cogeréis cogerán	cogería cogerías cogería cogeríamos cogeríais cogerían

| 접속법 | | | | 명령법 |
현재	불완료 과거 (ra형)	불완료 과거 (se형)	미래	현재
asga	asiera	asiese	asiere	x
asgas	asieras	asieses	asieres	ase
asga	asiera	asiese	asiere	asga
asgamos	asiéramos	asiésemos	asiéremos	asgamos
asgáis	asierais	asieseis	asiereis	asid
asgan	asieran	asiesen	asieren	asgan
quepa	cupiera	cupiese	cupiere	x
quepas	cupieras	cupieses	cupieres	cabe
quepa	cupiera	cupiese	cupiere	quepa
quepamos	cupiéramos	cupiésemos	cupiéremos	quepamos
quepáis	cupierais	cupieseis	cupiereis	cabed
quepan	cupieran	cupiesen	cupieren	quepan
caiga	cayera	cayese	cayere	x
caigas	cayeras	cayeses	cayeres	cae
caiga	cayera	cayese	cayere	caiga
caigamos	cayéramos	cayésemos	cayéremos	caigamos
caigáis	cayerais	cayeseis	cayereis	caed
caigan	cayeran	cayesen	cayeren	caigan
cambie	cambiara	cambiase	cambiare	x
cambies	cambiaras	cambiases	cambiares	cambia
cambie	cambiara	cambiase	cambiare	cambie
cambiemos	cambiáramos	cambiásemos	cambiáremos	cambiemos
cambiéis	cambiarais	cambiaseis	cambiareis	cambiad
cambien	cambiaran	cambiasen	cambiaren	cambien
coja	cogiera	cogiese	cogiere	x
cojas	cogieras	cogieses	cogieres	coge
coja	cogiera	cogiese	cogiere	coja
cojamos	cogiéramos	cogiésemos	cogiéremos	cojamos
cojáis	cogierais	cogieseis	cogiereis	coged
cojan	cogieran	cogiesen	cogieren	cojan

법	직설법				
시제 동사	현재	완료 과거 단순형 (부정 과거)	불완료 과거	미래	조건
conocer 알다 conociendo conocido	conozco conoces conoce conocemos conocéis conocen	conocí conociste conoció conocimos conocisteis conocieron	conocía conocías conocía conocíamos conocíais conocían	conoceré conocerás conocerá conoceremos conoceréis conocerán	conocería conocerías conocería conoceríamos conoceríais conocerían
construir 건설하다 construyendo construido	construyo construyes construye construimos construís construyen	construí construiste construyó construimos construisteis construyeron	construía construías construía construíamos construíais construían	construiré construirás construirá construiremos construiréis construirán	construiría construirías construiría construiríamos construiríais construirían
contar 세다 contando contado	cuento cuentas cuenta contamos contáis cuentan	conté contaste contó contamos contasteis contaron	contaba contabas contaba contábamos contabais contaban	contaré contarás contará contaremos contaréis contarán	contaría contarías contaría contaríamos contaríais contarían
continuar 계속하다 continuando continuado	continúo continúas continúa continuamos continuáis continúan	continué continuaste continuó continuamos continuasteis continuaron	continuaba continuabas continuaba continuábamos continuabais continuaban	continuaré continuarás continuará continuaremos continuaréis continuarán	continuaría continuarías continuaría continuaríamos continuaríais continuarían
crecer 성장하다 creciendo crecido	crezco creces crece crecemos crecéis crecen	crecí creciste creció crecimos crecisteis crecieron	crecía crecías crecía crecíamos crecíais crecían	creceré crecerás crecerá creceremos creceréis crecerán	crecería crecerías crecería creceríamos creceríais crecerían

접속법				명령법
현재	불완료 과거 (ra형)	불완료 과거 (se형)	미래	현재
conozca	conociera	conociese	conociere	x
conozcas	conocieras	conocieses	conocieres	conoce
conozca	conociera	conociese	conociere	conozca
conozcamos	conociéramos	conociésemos	conociéremos	conozcamos
conozcáis	conocierais	conocieseis	conociereis	conoced
conozcan	conocieran	conociesen	conocieren	conozcan
construya	construyera	construyese	construyere	x
construyas	construyeras	construyeses	construyeres	construye
construya	construyera	construyese	construyere	construya
construyamos	construyéramos	construyésemos	construyéremos	construyamos
construyáis	construyerais	construyeseis	construyereis	construid
construyan	construyeran	construyesen	construyeren	construyan
cuente	contara	contase	contare	x
cuentes	contaras	contases	contares	cuenta
cuente	contara	contase	contare	cuente
contemos	contáramos	contásemos	contáremos	contemos
contéis	contarais	contaseis	contareis	contad
cuenten	contaran	contasen	contaren	cuenten
continúe	continuara	continuase	continuare	x
continúes	continuaras	continuases	continuares	continúa
continúe	continuara	continuase	continuare	continúe
continuemos	continuáramos	continuásemos	continuáremos	continuemos
continuéis	continuarais	continuaseis	continuareis	continuad
continúen	continuaran	continuasen	continuaren	continúen
crezca	creciera	creciese	creciere	x
crezcas	crecieras	crecieses	crecieres	crece
crezca	creciera	creciese	creciere	crezca
crezcamos	creciéramos	creciésemos	creciéremos	crezcamos
crezcáis	crecierais	crecieseis	creciereis	creced
crezcan	crecieran	creciesen	crecieren	crezcan

법	직설법				
동사 \ 시제	현재	완료 과거 단순형 (부정 과거)	불완료 과거	미래	조건
dar 주다 **dando** **dado**	doy das da damos dais dan	di diste dio dimos disteis dieron	daba dabas daba dábamos dabais daban	daré darás dará daremos daréis darán	daría darías daría daríamos daríais darían
decir 말하다 **diciendo** **dicho**	digo dices dice decimos decís dicen	dije dijiste dijo dijimos dijisteis dijeron	decía decías decía decíamos decíais decían	diré dirás dirá diremos diréis dirán	diría dirías diría diríamos diríais dirían
despedir 전송하다 **despidiendo** **despedido**	despido despides despide despedimos despedís despiden	despedí despediste despidió despedimos despedisteis despidieron	despedía despedías despedía despedíamos despedíais despedían	despediré despedirás despedirá despediremos despediréis despedirán	despediría despedirías despediría despediríamos despediríais despedirían
divertir 즐겁게하다 **divirtiendo** **divertido**	divierto diviertes divierte divertimos divertís divierten	divertí divertiste divirtió divertimos divertisteis divirtieron	divertía divertías divertía divertíamos divertíais divertían	divertiré divertirás divertirá divertiremos divertiréis divertirán	divertiría divertirías divertiría divertiríamos divertiríais divertirían
dormir 재우다 **durmiendo** **dormido**	duermo duermes duerme dormimos dormís duermen	dormí dormiste durmió dormimos dormisteis durmieron	dormía dormías dormía dormíamos dormíais dormían	dormiré dormirás dormirá dormiremos dormiréis dormirán	dormiría dormirías dormiría dormiríamos dormiríais dormirían

	접속법			명령법
현재	불완료 과거 (ra형)	불완료 과거 (se형)	미래	현재
dé	diera	diese	diere	x
des	dieras	dieses	dieres	da
dé	diera	diese	diere	dé
demos	diéramos	diésemos	diéremos	demos
deis	dierais	dieseis	diereis	dad
den	dieran	diesen	dieren	den
diga	dijera	dijese	dijere	x
digas	dijeras	dijeses	dijeres	di
diga	dijera	dijese	dijere	diga
digamos	dijéramos	dijésemos	dijéremos	digamos
digáis	dijerais	dijeseis	dijereis	decid
digan	dijeran	dijesen	dijeren	digan
despida	despidiera	despidiese	despidiere	x
despidas	despidieras	despidieses	despidieres	despide
despida	despidiera	despidiese	despidiere	despida
despidamos	despidiéramos	despidiésemos	despidiéremos	despidamos
despidáis	despidierais	despidieseis	despidiereis	despedid
despidan	despidieran	despidiesen	despidieren	despidan
divierta	divirtiera	divirtiese	divirtiere	x
diviertas	divirtieras	divirtieses	divirtieres	divierte
divierta	divirtiera	divirtiese	divirtiere	divierta
divirtamos	divirtiéramos	divirtiésemos	divirtiéremos	divirtamos
divirtáis	divirtierais	divirtieseis	divirtiereis	divertid
diviertan	divirtieran	divirtiesen	divirtieren	diviertan
duerma	durmiera	durmiese	durmiere	x
duermas	durmieras	durmieses	durmieres	duerme
duerma	durmiera	durmiese	durmiere	duerma
durmamos	durmiéramos	durmiésemos	durmiéremos	durmamos
durmáis	durmierais	durmieseis	durmiereis	dormid
duerman	durmieran	durmiesen	durmieren	duerman

법	직설법				
동사 / 시제	현재	완료 과거 단순형 (부정 과거)	불완료 과거	미래	조건
empezar 시작하다 **empezando** **empezado**	empiezo empiezas empieza empezamos empezáis empiezan	empecé empezaste empezó empezamos empezasteis empezaron	empezaba empezabas empezaba empezábamos empezabais empezaban	empezaré empezarás empezará empezaremos empezaréis empezarán	empezaría empezarías empezaría empezaríamos empezaríais empezarían
encender 불을 켜다 **encendiendo** **encendido**	enciendo enciendes enciende encendemos encendéis encienden	encendí encendiste encendió encendimos encendisteis encendieron	encendía encendías encendía encendíamos encendíais encendían	encenderé encenderás encenderá encenderemos encenderéis encenderán	encendería encenderías encendería encenderíamos encenderíais encenderían
encontrar 발견하다 **encontrando** **encontrado**	encuentro encuentras encuentra encontramos encontráis encuentran	encontré encontraste encontró encontramos encontrasteis encontraron	encontraba encontrabas encontraba encontrábamos encontrabais encontraban	encontraré encontrarás encontrará encontraremos encontraréis encontrarán	encontraría encontrarías encontraría encontraríamos encontraríais encontrarían
entender 이해하다 **entendiendo** **entendido**	entiendo entiendes entiende entendemos entendéis entienden	entendí entendiste entendió entendimos entendisteis entendieron	entendía entendías entendía entendíamos entendíais entendían	entenderé entenderás entenderá entenderemos entenderéis entenderán	entendería entenderías entendería entenderíamos entenderíais entenderían
enviar 보내다 **enviando** **enviado**	envío envías envía enviamos enviáis envían	envié enviaste envió enviamos enviasteis enviaron	enviaba enviabas enviaba enviábamos enviabais enviaban	enviaré enviarás enviará enviaremos enviaréis enviarán	enviaría enviarías enviaría enviaríamos enviaríais enviarían

접속법				명령법
현재	불완료 과거 (ra형)	불완료 과거 (se형)	미래	현재
empiece	empezara	empezase	empezare	x
empieces	empezaras	empezases	empezares	empieza
empiece	empezara	empezase	empezare	empiece
empecemos	empezáramos	empezásemos	empezáremos	empecemos
empecéis	empezarais	empezaseis	empezareis	empezad
empiecen	empezaran	empezasen	empezaren	empiecen
encienda	encendiera	encendiese	encendiere	x
enciendas	encendieras	encendieses	encendieres	enciende
encienda	encendiera	encendiese	encendiere	encienda
encendamos	encendiéramos	encendiésemos	encendiéremos	encendamos
encendáis	encendierais	encendieseis	encendiereis	encended
enciendan	encendieran	encendiesen	encendieren	enciendan
encuentre	encontrara	encontrase	encontrare	x
encuentres	encontraras	encontrases	encontrares	encuentra
encuentre	encontrara	encontrase	encontrare	encuentre
encontremos	encontráramos	encontrásemos	encontráremos	encontremos
encontréis	encontrarais	encontraseis	encontrareis	encontrad
encuentren	encontraran	encontrasen	encontraren	encuentren
entienda	entendiera	entendiese	entendiere	x
entiendas	entendieras	entendieses	entendieres	entiende
entienda	entendiera	entendiese	entendiere	entienda
entendamos	entendiéramos	entendiésemos	entendiéremos	entendamos
entendáis	entendierais	entendieseis	entendiereis	entended
entiendan	entendieran	entendiesen	entendieren	entiendan
envíe	enviara	enviase	enviare	x
envíes	enviaras	enviases	enviares	envía
envíe	enviara	enviase	enviare	envíe
enviemos	enviáramos	enviásemos	enviáremos	enviemos
enviéis	enviarais	enviaseis	enviareis	enviad
envíen	enviaran	enviasen	enviaren	envíen

법	직설법				
동사　　시제	현재	완료 과거 단순형 (부정 과거)	불완료 과거	미래	조건
estar ~ 이다 **estando** **estado**	estoy estás está estamos estáis están	estuve estuviste estuvo estuvimos estuvisteis estuvieron	estaba estabas estaba estábamos estabais estaban	estaré estarás estará estaremos estaréis estarán	estaría estarías estaría estaríamos estaríais estarían
haber 갖다 **habiendo** **habido**	he has ha(hay) hemos habéis han	hube hubiste hubo hubimos hubisteis hubieron	había habías había habíamos habíais habían	habré habrás habrá habremos habréis habrán	habría habrías habría habríamos habríais habrían
hacer ~ 하다 **haciendo** **hecho**	hago haces hace hacemos hacéis hacen	hice hiciste hizo hicimos hicisteis hicieron	hacía hacías hacía hacíamos hacíais hacían	haré harás hará haremos haréis harán	haría harías haría haríamos haríais harían
huir 도망치다 **huyendo** **huido**	huyo huyes huye huimos huis huyen	hui huiste huyó huimos huisteis huyeron	huía huías huía huíamos huíais huían	huiré huirás huirá huiremos huiréis huirán	huiría huirías huiría huiríamos huiríais huirían
ir 가다 **yendo** **ido**	voy vas va vamos vais van	fui fuiste fue fuimos fuisteis fueron	iba ibas iba íbamos ibais iban	iré irás irá iremos iréis irán	iría irías iría iríamos iríais irían

접속법				명령법
현재	불완료 과거 (ra형)	불완료 과거 (se형)	미래	현재
esté	estuviera	estuviese	estuviere	x
estés	estuvieras	estuvieses	estuvieres	está
esté	estuviera	estuviese	estuviere	esté
estemos	estuviéramos	estuviésemos	estuviéremos	estemos
estéis	estuvierais	estuvieseis	estuviereis	estad
estén	estuvieran	estuviesen	estuvieren	estén
haya	hubiera	hubiese	hubiere	x
hayas	hubieras	hubieses	hubieres	he
haya	hubiera	hubiese	hubiere	haya
hayamos	hubiéramos	hubiésemos	hubiéremos	hayamos
hayáis	hubierais	hubieseis	hubiereis	habed
hayan	hubieran	hubiesen	hubieren	hayan
haga	hiciera	hiciese	hiciere	x
hagas	hicieras	hicieses	hicieres	haz
haga	hiciera	hiciese	hiciere	haga
hagamos	hiciéramos	hiciésemos	hiciéremos	hagamos
hagáis	hicierais	hicieseis	hiciereis	haced
hagan	hicieran	hiciesen	hicieren	hagan
huya	huyera	huyese	huyere	x
huyas	huyeras	huyeses	huyeres	huye
huya	huyera	huyese	huyere	huya
huyamos	huyéramos	huyésemos	huyéremos	huyamos
huyáis	huyerais	huyeseis	huyereis	huid
huyan	huyeran	huyesen	huyeren	huyan
vaya	fuera	fuese	fuere	x
vayas	fueras	fueses	fueres	ve
vaya	fuera	fuese	fuere	vaya
vayamos	fuéramos	fuésemos	fuéremos	vamos
vayáis	fuerais	fueseis	fuereis	id
vayan	fueran	fuesen	fueren	vayan

법	직설법				
동사 　　　 시제	현재	완료 과거 단순형 (부정 과거)	불완료 과거	미래	조건
jugar 놀다 **jugando** **jugado**	juego juegas juega jugamos jugáis juegan	jugué jugaste jugó jugamos jugasteis jugaron	jugaba jugabas jugaba jugábamos jugabais jugaban	jugaré jugarás jugará jugaremos jugaréis jugarán	jugaría jugarías jugaría jugaríamos jugaríais jugarían
leer 읽다 **leyendo** **leído**	leo lees lee leemos leéis leen	leí leíste leyó leímos leísteis leyeron	leía leías leía leíamos leíais leían	leeré leerás leerá leeremos leeréis leerán	leería leerías leería leeríamos leeríais leerían
mentir 거짓말하다 **mintiendo** **mentido**	miento mientes miente mentimos mentís mienten	mentí mentiste mintió mentimos mentisteis mintieron	mentía mentías mentía mentíamos mentíais mentían	mentiré mentirás mentirá mentiremos mentiréis mentirán	mentiría mentirías mentiría mentiríamos mentiríais mentirían
morir 죽다 **muriendo** **muerto**	muero mueres muere morimos morís mueren	morí moriste murió morimos moristeis murieron	moría morías moría moríamos moríais morían	moriré morirás morirá moriremos moriréis morirán	moriría morirías moriría moriríamos moriríais morirían
nacer 태어나다 **naciendo** **nacido**	nazco naces nace nacemos nacéis nacen	nací naciste nació nacimos nacisteis nacieron	nacía nacías nacía nacíamos nacíais nacían	naceré nacerás nacerá naceremos naceréis nacerán	nacería nacerías nacería naceríamos naceríais nacerían

	접속법			명령법
현재	불완료 과거 (ra형)	불완료 과거 (se형)	미래	현재
juegue	jugara	jugase	jugare	x
juegues	jugaras	jugases	jugares	juega
juegue	jugara	jugase	jugare	juegue
juguemos	jugáramos	jugásemos	jugáremos	juguemos
juguéis	jugarais	jugaseis	jugareis	jugad
jueguen	jugaran	jugasen	jugaren	jueguen
lea	leyera	leyese	leyere	x
leas	leyeras	leyeses	leyeres	lee
lea	leyera	leyese	leyere	lea
leamos	leyéramos	leyésemos	leyéremos	leamos
leáis	leyerais	leyeseis	leyereis	leed
lean	leyeran	leyesen	leyeren	lean
mienta	mintiera	mintiese	mintiere	x
mientas	mintieras	mintieses	mintieres	miente
mienta	mintiera	mintiese	mintiere	mienta
mintamos	mintiéramos	mintiésemos	mintiéremos	mintamos
mintáis	mintierais	mintieseis	mintiereis	mentid
mientan	mintieran	mintiesen	mintieren	mientan
muera	muriera	muriese	muriere	x
mueras	murieras	murieses	murieres	muere
muera	muriera	muriese	muriere	muera
muramos	muriéramos	muriésemos	muriéremos	muramos
mueráis	murierais	murieseis	muriereis	morid
mueran	murieran	muriesen	murieren	mueran
nazca	naciera	naciese	naciere	x
nazcas	nacieras	nacieses	nacieres	nace
nazca	naciera	naciese	naciere	nazca
nazcamos	naciéramos	naciésemos	naciéremos	nazcamos
nazcáis	nacierais	nacieseis	naciereis	naced
nazcan	nacieran	naciesen	nacieren	nazcan

법	직설법				
동사 \ 시제	현재	완료 과거 단순형 (부정 과거)	불완료 과거	미래	조건
obtener 얻다 obteniendo obtenido	obtengo obtienes obtiene obtenemos obtenéis obtienen	obtuve obtuviste obtuvo obtuvimos obtuvisteis obtuvieron	obtenía obtenías obtenía obteníamos obteníais obtenían	obtendré obtendrás obtendrá obtendremos obtendréis obtendrán	obtendría obtendrías obtendría obtendríamos obtendríais obtendrían
oír 듣다 oyendo oído	oigo oyes oye oímos oís oyen	oí oíste oyó oímos oísteis oyeron	oía oías oía oíamos oíais oían	oiré oirás oirá oiremos oiréis oirán	oiría oirías oiría oiríamos oiríais oirían
pagar 지불하다 pagando pagado	pago pagas paga pagamos pagáis pagan	pagué pagaste pagó pagamos pagasteis pagaron	pagaba pagabas pagaba pagábamos pagabais pagaban	pagaré pagarás pagará pagaremos pagaréis pagarán	pagaría pagarías pagaría pagaríamos pagaríais pagarían
pedir 요구하다 pidiendo pedido	pido pides pide pedimos pedís piden	pedí pediste pidió pedimos pedisteis pidieron	pedía pedías pedía pedíamos pedíais pedían	pediré pedirás pedirá pediremos pediréis pedirán	pediría pedirías pediría pediríamos pediríais pedirían
pensar 생각하다 pensando pensado	pienso piensas piensa pensamos pensáis piensan	pensé pensaste pensó pensamos pensasteis pensaron	pensaba pensabas pensaba pensábamos pensabais pensaban	pensaré pensarás pensará pensaremos pensaréis pensarán	pensaría pensarías pensaría pensaríamos pensaríais pensarían

접속법				명령법
현재	불완료 과거 (ra형)	불완료 과거 (se형)	미래	현재
obtenga	obtuviera	obtuviese	obtuviere	x
obtengas	obtuvieras	obtuvieses	obtuvieres	obten
obtenga	obtuviera	obtuviese	obtuviere	obtenga
obtengamos	obtuviéramos	obtuviésemos	obtuviéremos	obtengamos
obtengáis	obtuvierais	obtuvieseis	obtuviereis	obtened
obtengan	obtuvieran	obtuviesen	obtuvieren	obtengan
oiga	oyera	oyese	oyere	x
oigas	oyeras	oyeses	oyeres	oye
oiga	oyera	oyese	oyere	oiga
oigamos	oyéramos	oyésemos	oyéremos	oigamos
oigáis	oyerais	oyeseis	oyereis	oid
oigan	oyeran	oyesen	oyeren	oigan
pague	pagara	pagase	pagare	x
pagues	pagaras	pagases	pagares	paga
pague	pagara	pagase	pagare	pague
paguemos	pagáramos	pagásemos	pagáremos	paguemos
paguéis	pagarais	pagaseis	pagareis	pagad
paguen	pagaran	pagasen	pagaren	paguen
pida	pidiera	pidiese	pidiere	x
pidas	pidieras	pidieses	pidieres	pide
pida	pidiera	pidiese	pidiere	pida
pidamos	pidiéramos	pidiésemos	pidiéremos	pidamos
pidáis	pidierais	pidieseis	pidiereis	pedid
pidan	pidieran	pidiesen	pidieren	pidan
piense	pensara	pensase	pensare	x
pienses	pensaras	pensases	pensares	piensa
piense	pensara	pensase	pensare	piense
pensemos	pensáramos	pensásemos	pensáremos	pensemos
penséis	pensarais	pensaseis	pensareis	pensad
piensen	pensaran	pensasen	pensaren	piensen

법	직설법				
동사 ＼ 시제	현재	완료 과거 단순형 (부정 과거)	불완료 과거	미래	조건
perder 잃다 **perdiendo** **perdido**	pierdo pierdes pierde perdemos perdéis pierden	perdí perdiste perdió perdimos perdisteis perdieron	perdía perdías perdía perdíamos perdíais perdían	perderé perderás perderá perderemos perderéis perderán	perdería perderías perdería perderíamos perderíais perderían
poder 할 수 있다 **pudiendo** **podido**	puedo puedes puede podemos podéis pueden	pude pudiste pudo pudimos pudisteis pudieron	podía podías podía podíamos podíais podían	podré podrás podrá podremos podréis podrán	podría podrías podría podríamos podríais podrían
poner 놓다 **poniendo** **puesto**	pongo pones pone ponemos ponéis ponen	puse pusiste puso pusimos pusisteis pusieron	ponía ponías ponía poníamos poníais ponían	pondré pondrás pondrá pondremos pondréis pondrán	pondría pondrías pondría pondríamos pondríais pondrían
preferir 선호하다 **prefiriendo** **preferido**	prefiero prefieres prefiere preferimos preferís prefieren	preferí preferiste prefirió preferimos preferisteis prefirieron	prefería preferías prefería preferíamos preferíais preferían	preferiré preferirás preferirá preferiremos preferiréis preferirán	preferiría preferirías preferiría preferiríamos preferiríais preferirían
producir 생산하다 **produciendo** **producido**	produzco produces produce producimos producís producen	produje produjiste produjo produjimos produjisteis produjeron	producía producías producía producíamos producíais producían	produciré producirás producirá produciremos produciréis producirán	produciría producirías produciría produciríamos produciríais producirían

접속법				명령법
현재	불완료 과거 (ra형)	불완료 과거 (se형)	미래	현재
pierda	perdiera	perdiese	perdiere	x
pierdas	perdieras	perdieses	perdieres	pierde
pierda	perdiera	perdiese	perdiere	pierda
perdamos	perdiéramos	perdiésemos	perdiéremos	perdamos
perdáis	perdierais	perdieseis	perdiereis	perded
pierdan	perdieran	perdiesen	perdieren	pierdan
pueda	pudiera	pudiese	pudiere	
puedas	pudieras	pudieses	pudieres	
pueda	pudiera	pudiese	pudiere	
podamos	pudiéramos	pudiésemos	pudiéremos	x
podáis	pudierais	pudieseis	pudiereis	
puedan	pudieran	pudiesen	pudieren	
ponga	pusiera	pusiese	pusiere	x
pongas	pusieras	pusieses	pusieres	pon
ponga	pusiera	pusiese	pusiere	ponga
pongamos	pusiéramos	pusiésemos	pusiéremos	pongamos
pongáis	pusierais	pusieseis	pusiereis	poned
pongan	pusieran	pusiesen	pusieren	pongan
prefiera	prefiriera	prefiriese	prefiriere	x
prefieras	prefirieras	prefirieses	prefirieres	prefiere
prefiera	prefiriera	prefiriese	prefiriere	prefiera
prefiramos	prefiriéramos	prefiriésemos	prefiriéremos	prefiramos
prefiráis	prefirierais	prefirieseis	prefiriereis	preferid
prefieran	prefirieran	prefiriesen	prefirieren	prefieran
produzca	produjera	produjese	produjere	x
produzcas	produjeras	produjeses	produjeres	produce
produzca	produjera	produjese	produjere	produzca
produzcamos	produjéramos	produjésemos	produjéremos	produzcamos
produzcáis	produjerais	produjeseis	produjereis	producid
produzcan	produjeran	produjesen	produjeren	produzcan

법	직설법				
동사 / 시제	현재	완료 과거 단순형 (부정 과거)	불완료 과거	미래	조건
querer 좋아하다 **queriendo** **querido**	quiero quieres quiere queremos queréis quieren	quise quisiste quiso quisimos quisisteis quisieron	quería querías quería queríamos queríais querían	querré querrás querrá querremos querréis querrán	querría querrías querría querríamos querríais querrían
recordar 기억하다 **recordando** **recordado**	recuerdo recuerdas recuerda recordamos recordáis recuerdan	recordé recordaste recordó recordamos recordasteis recordaron	recordaba recordabas recordaba recordábamos recordabais recordaban	recordaré recordarás recordará recordaremos recordaréis recordarán	recordaría recordarías recordaría recordaríamos recordaríais recordarían
reír 웃다 **riendo** **reído**	río ríes ríe reímos reís ríen	reí reíste rio(rió) reímos reísteis rieron	reía reías reía reíamos reíais reían	reiré reirás reirá reiremos reiréis reirán	reiría reirías reiría reiríamos reiríais reirían
saber 알다 **sabiendo** **sabido**	sé sabes sabe sabemos sabéis saben	supe supiste supo supimos supisteis supieron	sabía sabías sabía sabíamos sabíais sabían	sabré sabrás sabrá sabremos sabréis sabrán	sabría sabrías sabría sabríamos sabríais sabrían
sacar 꺼내다 **sacando** **sacado**	saco sacas saca sacamos sacáis sacan	saqué sacaste sacó sacamos sacasteis sacaron	sacaba sacabas sacaba sacábamos sacabais sacaban	sacaré sacarás sacará sacaremos sacaréis sacarán	sacaría sacarías sacaría sacaríamos sacaríais sacarían

접속법				명령법
현재	불완료 과거 (ra형)	불완료 과거 (se형)	미래	현재
quiera	quisiera	quisiese	quisiere	x
quieras	quisieras	quisieses	quisieres	quiere
quiera	quisiera	quisiese	quisiere	quiera
queramos	quisiéramos	quisiésemos	quisiéremos	queramos
queráis	quisierais	quisieseis	quisiereis	quered
quieran	quisieran	quisiesen	quisieren	quieran
recuerde	recordara	recordase	recordare	x
recuerdes	recordaras	recordases	recordares	recuerda
recuerde	recordara	recordase	recordare	recuerde
recordemos	recordáramos	recordásemos	recordáremos	recordemos
recordéis	recordarais	recordaseis	recordareis	recordad
recuerden	recordaran	recordasen	recordaren	recuerden
ría	riera	riese	riere	x
rías	rieras	rieses	rieres	ríe
ría	riera	riese	riere	ría
riamos	riéramos	riésemos	riéremos	riamos
riais(riáis)	rierais	rieseis	riereis	reíd
rían	rieran	riesen	rieren	rían
sepa	supiera	supiese	supiere	x
sepas	supieras	supieses	supieres	sabe
sepa	supiera	supiese	supiere	sepa
sepamos	supiéramos	supiésemos	supiéremos	sepamos
sepáis	supierais	supieseis	supiereis	sabed
sepan	supieran	supiesen	supieren	sepan
saque	sacara	sacase	sacare	x
saques	sacaras	sacases	sacares	saca
saque	sacara	sacase	sacare	saque
saquemos	sacáramos	sacásemos	sacáremos	saquemos
saquéis	sacarais	sacaseis	sacareis	sacad
saquen	sacaran	sacasen	sacaren	saquen

법	직설법				
동사　　　시제	현재	완료 과거 단순형 (부정 과거)	불완료 과거	미래	조건
salir 나가다 **saliendo** **salido**	salgo sales sale salimos salís salen	salí saliste salió salimos salisteis salieron	salía salías salía salíamos salíais salían	saldré saldrás saldrá saldremos saldréis saldrán	saldría saldrías saldría saldríamos saldríais saldrían
satisfacer 만족시키다 **satisfaciendo** **satisfecho**	satisfago satisfaces satisface satisfacemos satisfacéis satisfacen	satisfice satisficiste satisfizo satisficimos satisficisteis satisficieron	satisfacía satisfacías satisfacía satisfacíamos satisfacíais satisfacían	satisfaré satisfarás satisfará satisfaremos satisfaréis satisfarán	satisfaría satisfarías satisfaría satisfaríamos satisfaríais satisfarían
seguir 따르다 **siguiendo** **seguido**	sigo sigues sigue seguimos seguís siguen	seguí seguiste siguió seguimos seguisteis siguieron	seguía seguías seguía seguíamos seguíais seguían	seguiré seguirás seguirá seguiremos seguiréis seguirán	seguiría seguirías seguiría seguiríamos seguiríais seguirían
sentar 앉히다 **sentando** **sentado**	siento sientas sienta sentamos sentáis sientan	senté sentaste sentó sentamos sentasteis sentaron	sentaba sentabas sentaba sentábamos sentabais sentaban	sentaré sentarás sentará sentaremos sentaréis sentarán	sentaría sentarías sentaría sentaríamos sentaríais sentarían
sentir 느끼다 **sintiendo** **sentido**	siento sientes siente sentimos sentís sienten	sentí sentiste sintió sentimos sentisteis sintieron	sentía sentías sentía sentíamos sentíais sentían	sentiré sentirás sentirá sentiremos sentiréis sentirán	sentiría sentirías sentiría sentiríamos sentiríais sentirían

접속법				명령법
현재	불완료 과거 (ra형)	불완료 과거 (se형)	미래	현재
salga	saliera	saliese	saliere	x
salgas	salieras	salieses	salieres	sal
salga	saliera	saliese	saliere	salga
salgamos	saliéramos	saliésemos	saliéremos	salgamos
salgáis	salierais	salieseis	saliereis	salid
salgan	salieran	saliesen	salieren	salgan
satisfaga	satisficiera	satisficiese	satisficiere	x
satisfagas	satisficieras	satisficieses	satisficieres	satisfaz
satisfaga	satisficiera	satisficiese	satisficiere	satisfaga
satisfagamos	satisficiéramos	satisficiésemos	satisficiéremos	satisfagamos
satisfagáis	satisficierais	satisficieseis	satisficiereis	satisfaced
satisfagan	satisficieran	satisficiesen	satisficieren	satisfagan
siga	siguiera	siguiese	siguiere	x
sigas	siguieras	siguieses	siguieres	sigue
siga	siguiera	siguiese	siguiere	siga
sigamos	siguiéramos	siguiésemos	siguiéremos	sigamos
sigáis	siguierais	siguieseis	siguiereis	seguid
sigan	siguieran	siguiesen	siguieren	sigan
siente	sentara	sentase	sentare	x
sientes	sentaras	sentases	sentares	sienta
siente	sentara	sentase	sentare	siente
sentemos	sentáramos	sentásemos	sentáremos	sentemos
sentéis	sentarais	sentaseis	sentareis	sentad
sienten	sentaran	sentasen	sentaren	sienten
sienta	sintiera	sintiese	sintiere	x
sientas	sintieras	sintieses	sintieres	siente
sienta	sintiera	sintiese	sintiere	sienta
sintamos	sintiéramos	sintiésemos	sintiéremos	sintamos
sintáis	sintierais	sintieseis	sintiereis	sentid
sientan	sintieran	sintiesen	sintieren	sientan

법	직설법				
동사 ＼ 시제	현재	완료 과거 단순형 (부정 과거)	불완료 과거	미래	조건
ser ~ 이다 siendo sido	soy eres es somos sois son	fui fuiste fue fuimos fuisteis fueron	era eras era éramos erais eran	seré serás será seremos seréis serán	sería serías sería seríamos seríais serían
servir 봉사하다 sirviendo servido	sirvo sirves sirve servimos servís sirven	serví serviste sirvió servimos servisteis sirvieron	servía servías servía servíamos servíais servían	serviré servirás servirá serviremos serviréis servirán	serviría servirías serviría serviríamos serviríais servirían
tener 가지다 teniendo tenido	tengo tienes tiene tenemos tenéis tienen	tuve tuviste tuvo tuvimos tuvisteis tuvieron	tenía tenías tenía teníamos teníais tenían	tendré tendrás tendrá tendremos tendréis tendrán	tendría tendrías tendría tendríamos tendríais tendrían
traer 가져오다 trayendo traído	traigo traes trae traemos traéis traen	traje trajiste trajo trajimos trajisteis trajeron	traía traías traía traíamos traíais traían	traeré traerás traerá traeremos traeréis traerán	traería traerías traería traeríamos traeríais traerían
valer 가치가 있다 valiendo valido	valgo vales vale valemos valéis valen	valí valiste valió valimos valisteis valieron	valía valías valía valíamos valíais valían	valdré valdrás valdrá valdremos valdréis valdrán	valdría valdrías valdría valdríamos valdríais valdrían

접속법				명령법
현재	불완료 과거 (ra형)	불완료 과거 (se형)	미래	현재
sea	fuera	fuese	fuere	x
seas	fueras	fueses	fueres	sé
sea	fuera	fuese	fuere	sea
seamos	fuéramos	fuésemos	fuéremos	seamos
seáis	fuerais	fueseis	fuereis	sed
sean	fueran	fuesen	fueren	sean
sirva	sirviera	sirviese	sirviere	x
sirvas	sirvieras	sirvieses	sirvieres	sirve
sirva	sirviera	sirviese	sirviere	sirva
sirvamos	sirviéramos	sirviésemos	sirviéremos	sirvamos
sirváis	sirvierais	sirvieseis	sirviereis	servid
sirvan	sirvieran	sirviesen	sirvieren	sirvan
tenga	tuviera	tuviese	tuviere	x
tengas	tuvieras	tuvieses	tuvieres	ten
tenga	tuviera	tuviese	tuviere	tenga
tengamos	tuviéramos	tuviésemos	tuviéremos	tengamos
tengáis	tuvierais	tuvieseis	tuviereis	tened
tengan	tuvieran	tuviesen	tuvieren	tengan
traiga	trajera	trajese	trajere	x
traigas	trajeras	trajeses	trajeres	trae
traiga	trajera	trajese	trajere	traiga
traigamos	trajéramos	trajésemos	trajéremos	traigamos
traigáis	trajerais	trajeseis	trajereis	traed
traigan	trajeran	trajesen	trajeren	traigan
valga	valiera	valiese	valiere	x
valgas	valieras	valieses	valieres	val
valga	valiera	valiese	valiere	valga
valgamos	valiéramos	valiésemos	valiéremos	valgamos
valgáis	valierais	valieseis	valiereis	valed
valgan	valieran	valiesen	valieren	valgan

법	직설법				
동사 시제	현재	완료 과거 단순형 (부정 과거)	불완료 과거	미래	조건
venir 오다 **viniendo** **venido**	vengo vienes viene venimos venís vienen	vine viniste vino vinimos vinisteis vinieron	venía venías venía veníamos veníais venían	vendré vendrás vendrá vendremos vendréis vendrán	vendría vendrías vendría vendríamos vendríais vendrían
ver 보다 **viendo** **visto**	veo ves ve vemos veis ven	vi viste vio vimos visteis vieron	veía veías veía veíamos veíais veían	veré verás verá veremos veréis verán	vería verías vería veríamos veríais verían
vestir 옷을 입히다 **vistiendo** **vestido**	visto vistes viste vestimos vestís visten	vestí vestiste vistió vestimos vestisteis vistieron	vestía vestías vestía vestíamos vestíais vestían	vestiré vestirás vestirá vestiremos vestiréis vestirán	vestiría vestirías vestiría vestiríamos vestiríais vestirían
volver 돌아오다 **volviendo** **vuelto**	vuelvo vuelves vuelve volvemos volvéis vuelven	volví volviste volvió volvimos volvisteis volvieron	volvía volvías volvía volvíamos volvíais volvían	volveré volverás volverá volveremos volveréis volverán	volvería volverías volvería volveríamos volveríais volverían

접속법				명령법
현재	불완료 과거 (ra형)	불완료 과거 (se형)	미래	현재
venga	viniera	viniese	viniere	x
vengas	vinieras	vinieses	vinieres	ven
venga	viniera	viniese	viniere	venga
vengamos	viniéramos	viniésemos	viniéremos	vengamos
vengáis	vinierais	vinieseis	viniereis	venid
vengan	vinieran	viniesen	vinieren	vengan
vea	viera	viese	viere	x
veas	vieras	vieses	vieres	ve
vea	viera	viese	viere	vea
veamos	viéramos	viésemos	viéremos	veamos
veáis	vierais	vieseis	viereis	ved
vean	vieran	viesen	vieren	vean
vista	vistiera	vistiese	vistiere	x
vistas	vistieras	vistieses	vistieres	viste
vista	vistiera	vistiese	vistiere	vista
vistamos	vistiéramos	vistiésemos	vistiéremos	vistamos
vistáis	vistierais	vistieseis	vistiereis	vestid
vistan	vistieran	vistiesen	vistieren	vistan
vuelva	volviera	volviese	volviere	x
vuelvas	volvieras	volvieses	volvieres	vuelve
vuelva	volviera	volviese	volviere	vuelva
volvamos	volviéramos	volviésemos	volviéremos	volvamos
volváis	volvierais	volvieseis	volviereis	volved
vuelvan	volvieran	volviesen	volvieren	vuelvan

선행학습

1 정확히 발음해보세요.

2

1 ma - ne - ra	**2** o - tro	**3** o - cho
4 ma - dre	**5** pe - rro	**6** ca - lle
7 ar - ma	**8** siem - pre	**9** can - ción
10 ex - ce - len - te	**11** com - pli - ca - do	**12** na - o
13 cons - tan - te	**14** obs - cu - ro	**15** le - er
16 tí - o	**17** e - xa - men	**18** te - a - tro
19 bis-a-bue-lo / bi-sa-bue-lo	**20** des-a-gra-da-ble / de-sa-gra-da-ble	
21 gue - rre - ro	**22** gui - ta - rra	**23** quios - co
24 cual - quier		

3

1 casa	**2** ruido	**3** chimenea
4 orden	**5** jueves	**6** antiguo
7 pared	**8** profesor	**9** ciudad
10 hablar	**11** papel	**12** moral

4

1 el / un oro	**2** el / un zapato	**3** el / un agua
4 las / unas águilas	**5** la / una foto	**6** el / un amor
7 el / un toro	**8** el / un camión	**9** la / una mano
10 el / un mes	**11** el / un hacha	**12** la / una moto
13 el / un cristal	**14** el / un lápiz	**15** las / unas hachas
16 el / un clima	**17** el / un diploma	**18** el / un sistema
19 la / una crisis	**20** la / una luz	**21** la / una verdad
22 el / un hambre	**23** la / una emperatriz	**24** la / una piel

25 la / una pluma   **26** la / una cama   **27** el / un examen

28 el / un mapa   **29** el / un día   **30** la / una amistad

31 la / una costumbre   **32** la / una nariz   **33** la / una conversación

34 la / una cruz   **35** el / un arroz

5   **1** papel ▶ papeles   **2** ciudad ▶ ciudades   **3** rey ▶ reyes

     4 jersey ▶ jerséis   **5** luz ▶ luces   **6** frac ▶ fraques

     7 bambú ▶ bambúes   **8** rubí ▶ rubíes   **9** mamá ▶ mamás

     10 menú ▶ menús   **11** café ▶ cafés   **12** esquí ▶ esquís

     13 estación ▶ estaciones   **14** nación ▶ naciones   **15** joven ▶ jóvenes

     16 examen ▶ exámenes   **17** orden ▶ órdenes   **18** árbol ▶ árboles

     19 autobús ▶ autobuses   **20** francés ▶ franceses   **21** régimen ▶ regímenes

     22 lunes ▶ lunes   **23** carácter ▶ caracteres   **24** inglés ▶ ingleses

Lección 1

1   **1** soy   **2** eres   **3** es   **4** es   **5** es

     6 es   **7** somos   **8** son   **9** son   **10** sois

2   **1** estoy   **2** estás   **3** está   **4** estáis   **5** está

     6 estamos   **7** están   **8** están   **9** estáis   **10** están

3   **1** v   **2** iii   **3** iv   **4** i   **5** ii

4   **A** : ¡Hola, Ana!

     B : ¡Hola, Minsu!

     A : ¿Qué tal?

     B : Bien, gracias. Y tú, ¿cómo estás?

     A : Yo también estoy muy bien. ¡Hasta luego!

     B : Adiós. ¡Hasta pronto!

Lección 2

1. **1** Yo soy de Corea. Soy coreano / a.

    2 Ellos son de China. Son chinos.

    3 Luis es de México. Es mexicano.

    4 Nosotros somos de Cuba. Somos cubanos.

    5 Yo soy de Chile. Soy chileno.

    6 Nosotros somos de Francia. Somos franceses.

    7 Ana es de Inglaterra. Es inglesa.

    8 Ellas son de Japón. Son japonesas.

2 **1** tu, tus　　**2** su, sus　　**3** nuestra, nuestras

   4 vuestra, vuestras　**5** su, sus　　**6** vuestro, vuestros

3 **1** eres　　**2** son　　**3** hablamos　　**4** habláis

   5 llamas　　**6** llamo　　**7** llama　　**8** llamo

4 **1** v　　**2** iii　　**3** iv　　**4** ii　　**5** i

5 **A** : ¡Hola! Me llamo María. ¿Cómo te llamas?

   B : Me llamo Minsu. ¿Eres estudiante?

   A : Sí, soy estudiante. ¿Y tú?

   B : Yo también. ¿Eres de México?

   A : No, no soy de México. Soy de España. Y tú, ¿de dónde eres?

   B : Soy coreano, de Seúl.

   A : Encantada.

   B : Mucho gusto.

Lección 3

1 **1** El　　**2** x　　**3** El　　**4** x　　**5** x

6 x　　　**7** x　　　**8** el　　　**9** x　　　**10** la

2　**1** uno bueno ▶ un buen　　　**2** grande ▶ gran
　　3 un buen ▶ una buena　　　**4** grande ▶ gran
　　5 gran ▶ grandes　　　**6** malo ▶ mal

3　**1** Este　　**2** Aquella　　**3** Esa　　**4** Estos
　　5 Aquellos　　**6** Este　　**7** Esas　　**8** Aquellas

4　**1** Antonio es estudiante.　　　**2** Carmen es enfermera.
　　3 Ana es secretaria.　　　**4** Carmen y Ana son alumnas.
　　5 Juan y Antonio son médicos.

5　**1** La casa es grande.　　　**2** El profesor es bajo.
　　3 Este hotel es caro.　　　**4** María es simpática.
　　5 Nuestra profesora es gorda.

6　**A** : ¿Quién es usted?
　　B : Yo soy estudiante de español.
　　A : ¿Quién es nuestro profesor?
　　B : El señor Martínez es nuestro profesor.
　　A : ¿De dónde es él?
　　B : Es de España.
　　A : ¿Cómo es él?
　　B : Es alto y simpático.

Lección 4

1　**1** aquel　　**2** ese　　**3** esas　　**4** esos　　**5** aquella　　**6** esas

2 **1** Aquél no es interesante.   **2** Ése no es simpático.

3 Ésta no es alta.   **4** Ésos no son coreanos.

5 Aquéllas no son antiguas.

3 **1** La discoteca está en la calle.

2 El bar está debajo de mi casa.

3 El libro está sobre la mesa.

4 El cine está a la derecha.

5 La piscina está detrás del hotel.

4 **A** : Ésta es mi casa.

B : Es bastante grande y bonita. ¿Hay muchos árboles en el jardín?

A : No, sólo hay tres. Pero hay muchas flores.

B : Allí, ¿qué hay?

A : Allí hay un garaje. Y tú, ¿dónde vives?

B : En un piso. Está en el centro de la ciudad.

A : ¿Cómo es tu piso?

B : Es pequeño y muy caro. Además es demasiado ruidoso.

Debajo de mi piso hay un bar y una discoteca.

Por eso, allí siempre hay mucha gente.

Lección 5

1 **1** es   **2** está   **3** es   **4** es   **5** está   **6** es   **7** es, está

2 **1** Mi niña es lista.   **2** Tu madre es alta y delgada.

3 Su hermana es baja y gorda.   **4** Ellas son simpáticas.

5 Mi sobrina es guapa.   **6** Tu prima está contenta.

7 Ellas están cansadas.   **8** Ana es buena.

3   **1** Tengo veinticinco años.

    2 Mi niño tiene siete años.

    3 Mi padre tiene cincuenta y nueve años.

    4 Mi abuelo tiene setenta y ocho años.

    5 Mi hermana tiene treinta y seis años.

4   **A** : Ésta es una foto de mi familia.

    B : ¿Son éstos tus padres?

    A : Sí, mi padre es alto, delgado y amable. Es médico.

      A la izquierda está mi madre.

      Es baja y un poco gorda. Es ama de casa.

    B : Y el señor de gafas, ¿quién es?

    A : Es mi abuelo. Tiene setenta años. Es viejo pero fuerte.

    B : ¿Son éstos tus hermanos?

    A : Sí, éste es mi hermano mayor y la chica rubia es mi hermana menor.

Lección 6

1   **1** van   **2** vais   **3** vamos   **4** va   **5** voy   **6** vamos

2   **1** Hoy estamos a siete de febrero.

    2 Hoy estamos a veintiocho de septiembre.

    3 Hoy estamos a catorce de octubre.

    4 Hoy estamos a veinticinco de junio.

    5 Hoy estamos a trece de noviembre.

    6 Hoy estamos a diecinueve de mayo.

    7 Hoy estamos a veinticuatro de diciembre.

    8 Hoy estamos a treinta de abril.

    9 Hoy estamos a quince de julio.

    10 Hoy estamos a doce de agosto.

3   **1** El examen es a las doce y veinte.   **2** El descanso es a las diez.

    3 La reunión es a las nueve y media.   **4** La clase es a las once.

    5 El partido es a las siete y diez.

4   **A** : ¿Qué día (de la semana) es hoy?

    B : Hoy es lunes.

    A : ¿A cuántos estamos hoy?

    B : Hoy estamos a veintitrés de octubre de dos mil once.

    A : ¿Cuándo es el examen de composición?

    B : Es el veintisiete de octubre.

    A : ¿Qué hora es? No tengo reloj.

    B : Ya son las tres y cuarto.

    A : ¿A qué hora empieza la clase de conversación?

    B : Empieza a las tres y media.

Lección 7

1   **1** Sí, hace frío en invierno.   **2** Sí, hace mucho sol en julio.

    3 Sí, hace fresco en marzo.   **4** Sí, llueve mucho en mi país.

    5 Sí, hace buen tiempo en Corea.

2   **1** tengo   **2** tiene   **3** tenemos

    4 tenéis   **5** tiene   **6** tienen

3   **1** haciendo   **2** leyendo   **3** durmiendo

    4 preparando   **5** estudiando   **6** diciendo

    7 cantando   **8** anocheciendo

4   **1** muy   **2** muy   **3** mucho

    4 muy   **5** mucho   **6** mucho

5   **A** : ¿Qué haces aquí?

  B : Estoy preparando la clase de mañana.

  A : ¿Cuánto tiempo hace que estás en España?

  B : Hace 2 meses que estoy aquí.

  Todavía no puedo entender bien el español.

  Por eso, tengo que preparar bien las lecciones.

  Pero hoy no puedo estudiar más porque hace mucho calor.

  A : Ya estamos en verano. En tu país, ¿qué tiempo hace en verano?

  B : Hace mucho calor y llueve bastante en verano.

  A : En Madrid también hace mucho calor en verano.

  En cambio, hace frío en invierno. Casi no nieva en Madrid.

  B : En primavera y en otoño, ¿qué tiempo hace en Madrid?

  A : El tiempo es muy agradable.

  Y en tu país, ¿qué tiempo hace en estas dos estaciones?

  B : Hace muy buen tiempo. No hace ni calor ni frío.

Lección 8

1   **1** iv   **2** v   **3** i   **4** ii   **5** iii

2   **1** las   **2** la   **3** se los   **4** nos la

  5 os lo   **6** se la   **7** se lo   **8** lo

3   **1** sé   **2** saben   **3** conozco   **4** conocemos   **5** Sabe

  6 sabe   **7** conocéis   **8** Sabes

4   **A** : ¿Tienen una mesa libre?

  B : Sí, la mesa del rincón está libre.

  A : ¿Me puede traer el menú?

  B : Un momento. Aquí lo tiene. ¿Qué quiere comer?

A : De primero, una paella valenciana. De segundo, no sé qué comer.

¿Qué me aconseja usted?

B : Le recomiendo un cordero asado, especialidad de la casa.

A : Bien, de acuerdo. De segundo, voy a tomarlo.

B : Y de postre, ¿qué desea tomar?

A : Helado de fresa, por favor.

B : ¿Y para beber?

A : Un zumo de naranja.

Lección 9

1　**1** Sí, me gusta leer.　　**2** Sí, me gusta viajar.

　3 Sí, nos gusta ir al cine.　**4** Sí, me gusta el fútbol.

　5 Sí, nos gusta pasear.　**6** Sí, nos gustan las flores.

　7 Sí, me gusta el deporte.　**8** Sí, me gustan los niños.

2　**1** me　　**2** le　　**3** les　　**4** les

　5 os　　**6** te　　**7** nos　　**8** le

3　**1** te　　**2** Me　　**3** Nos　　**4** os

　5 Nos　　**6** Os　　**7** te, Me

4　**A** : Hoy es viernes, y mañana ya es fin de semana.

　B : ¿Qué haces el fin de semana?

　A : Normalmente los sábados me levanto temprano.

　　Por la mañana hago la limpieza y la compra.

　　Por la tarde leo un poco y escucho música.

　　Los domingos por la mañana voy al parque para pasear y correr.

　　Y luego paso la tarde en casa y me acuesto pronto.

　　Y tú, ¿qué haces el fin de semana?

B : Los sábados por la tarde siempre voy al cine. A mí me gusta mucho la película.

Los domingos por la noche ceno fuera con mi familia.

Pero este fin de semana tengo que preparar el examen.

A : ¡Qué lástima! ¿Cuándo es el examen?

B : El próximo lunes.

A : Te deseo mucha suerte.

B : Gracias.

Lección 10

1   **1** solamente   **2** claramente   **3** felizmente

     4 fácilmente   **5** cómodamente   **6** difícilmente

     7 generalmente   **8** necesariamente

2   **1** Ésta es más bonita que aquélla.   **2** Aquél es más caro que éste.

     3 Pedro es más guapo que Juan.   **4** Ésta es más grande que ésa.

     5 Aquél es más rico que éste.   **6** Carmen es más inteligente que María.

     7 Ése es más pobre que aquél.   **8** Ésta es más alta que ésa.

3   **1** Sí, es tan pequeña como ésta.   **2** Sí, es tan inteligente como éste.

     3 Sí, es tan caro como éste.   **4** Sí, es tan baja como ésta.

     5 Sí, son tan bonitas como éstas.   **6** Sí, es tan guapo como éste.

4   **A** : ¿Qué desea usted?

     B : Dos kilos de carne, por favor· ¿Cuánto vale?

     A : Vale 10 euros.

     B : ¿Tienen merluza fresca?

     A : Sí. Es ésta de aquí.

     B : ¿A cuánto está el kilo?

     A : A 8 euros el kilo.

B : Está carísima. Prefiero comprar algo menos caro.

A : El salmón es más barato que la merluza. Está a 6 euros el kilo.

B : Entonces un kilo de salmón.

Lección 11

1   **1** Me gustan los zapatos azules que están en el escaparate.

    2 Este señor es el director de cine que fuma mucho.

    3 Estoy leyendo una novela que es muy interesante.

    4 Tenemos un hermano que vive en Madrid.

    5 Carmen es una actriz que me gusta mucho.

2   **1** No, no soy el menor, soy el mayor.

    2 No, no es la mayor, es la menor.

    3 No, no son los peores, son los mejores.

    4 No, no es la mejor, es la peor.

    5 No, no son las mejores, son las peores.

3   **A** : ¿Qué desea usted?

    B : Quiero comprar unos zapatos. Me gusta el modelo que está en el escaparate.

    A : ¿Qué número calza usted?

    B : El 35.

    A : A ver cómo le quedan estos zapatos.

    B : Me quedan un poco pequeños. ¿No tienen otro número mayor?

    A : No, lo siento. ¿Por qué no se prueba estos amarillos?
      Son mucho más cómodos y de mejor calidad.

    B : Sí, es verdad. Pero el color no me gusta.

    A : ¿De qué color los quiere?

    B : Los quiero marrones.

    A : Un momento. Aquí los tiene. ¿Cómo le quedan?

B : Me quedan bien. Los compro.

A : ¿Paga usted con dinero o con tarjeta de crédito?

B : Con dinero. Aquí tiene.

Lección 12

1

1 dé	**2** llegues	**3** sea	**4** entre
5 sean	**6** estés	**7** llueva	**8** tengan
9 venga	**10** estudiemos	**11** puedan	**12** vaya
13 hablemos	**14** beba	**15** lleguéis	**16** salgamos
17 vengas	**18** duerman	**19** vuelva	**20** salgamos
21 fume	**22** nieve	**23** comamos	

2

1 se quede	**2** llueva	**3** venga
4 esté	**5** nieve	**6** llegue

3

A : Ana, ¿quieres venir al teatro conmigo esta tarde?

B : Gracias, pero no puedo porque mañana tengo examen.
Además, mis padres me prohíben que salga de casa hoy y me aconsejan que estudie mucho.

A : ¡Qué pena! Deseo que tengas buena suerte.

A : María, ¿quieres que vayamos al teatro?

C : No me gusta el teatro. Quizá sea mejor que vayamos al cine.

A : ¿Dónde ponen una buena película?

C : Creo que en el cine Cristal proyectan una película americana de un director famoso.

A : Muy bien.

C : Entonces, ¿cómo quedamos?

A : ¿Qué te parece a las seis delante del cine?

C : De acuerdo. A las seis. Espero que no llegues tarde.

A : ¡Vale! Por supuesto.

Lección 13

1   **1** Trabajad mucho. No trabajéis mucho.

    2 Pregunta mucho. No preguntes mucho.

    3 Tome el taxi. No tome el taxi.

    4 Alquila un coche. No alquiles un coche.

    5 Abre la ventana. No abras la ventana.

2   **1** Dámela. No me la des.

    2 Córtatelo. No te lo cortes.

    3 Quitáoslas. No os las quitéis.

    4 Envíaselo. No se lo envíes.

    5 Dígaselo. No se lo diga.

    6 Enséñamela. No me la enseñes.

    7 Ponéoslos. No os los pongáis.

    8 Escríbesela. No se la escribas.

3   **1** algo   **2** ninguno   **3** nada   **4** ninguna   **5** alguna

4   **A** : Siéntese aquí y dígame qué le pasa.

    B : Me duelen el estómago y la garganta.

    A : A ver, túmbese aquí. Primero voy a tomarle el pulso.

       Súbase la manga de la camisa y deme la mano izquierda.

       Ahora quítese la camisa y respire profundamente. No se ponga nervioso. ¡Relájese!

    B : ¿Es algo grave, doctor? Estoy bastante preocupado.

    A : No, no es nada grave. Ahora póngase la camisa. Usted tiene agotamiento físico.

       No trabaje tanto, lleve una vida tranquila y descanse.

    B : ¿Tengo que seguir alguna dieta?

    A : Sí, no tome grasas ni comidas fuertes. Le voy a recetar unas pastillas.

       Venga por aquí la semana próxima.

A : Muchas gracias. Hasta la semana que viene.

Lección 14

1 **1** Hubo muchas personas en la fiesta.

2 Fuimos a la discoteca anoche.

3 Dieron la fiesta en el jardín.

4 Pusieron una película ayer en la televisión.

5 Vine de Madrid en avión.

2 **1** hizo   **2** vivía   **3** jugaba   **4** hicisteis

5 acabó   **6** murieron   **7** veía   **8** dijo

9 fuimos   **10** fumaba   **11** murió   **12** trabajó

3 **1** Esta primavera ha llovido poco.

2 Esta noche ha dormido muy poco.

3 Este año habéis trabajado mucho.

4 Este invierno ha nevado mucho en las montañas.

5 Este verano hemos pasado las vacaciones en España.

4 **A** : ¿Dónde estuviste ayer?

B : Lo siento mucho.

A : Te esperé casi una hora· ¿Qué te pasó?

B : Tuve un accidente. Ayer en casa me caí de la escalera.

A : ¿Estabas solo en casa cuando ocurrió el accidente?

B : No, estaba mi madre. Mi madre llamó en seguida a una ambulancia.

A : ¿Qué te dijo el médico?

B : Al principio creí que tenía la pierna rota, porque me dolía muchísimo.
Me puse muy nervioso.
Pero el médico me dijo que la pierna estaba solamente dislocada.

Pues me tranquilicé un poco.

Lección 15

1 **1** Esta noche nos invitarán al teatro.

2 El año que viene estudiará español.

3 Esta tarde te llamaré a las siete por teléfono.

4 El sábado que viene comeremos en un restaurante italiano.

5 El próximo lunes Juan irá a la escuela.

2 **1** María no dirá nada.

2 Ella se pondrá un vestido.

3 José saldrá de casa a las ocho.

4 Ellos vendrán a la fiesta.

5 No podremos ir al parque.

6 ¿Qué haremos?

7 Ella sabrá tu número de teléfono.

8 No habrá entradas.

9 Querré comprar una flor.

10 En esta sala no cabrá tanta gente.

3 **1** ¿Podría Ud. esperar un momento?   **2** ¿Me llamaría Ud. por teléfono?

3 ¿Me podrías decir qué hora es?   **4** ¿Qué querría Ud.?

5 ¿Le podría hacer una pregunta?

4 **A** : ¡Mañana es mi cumpleaños! Cumpliré veintitrés años.

B : ¡Qué bien! ¿Qué harás?

A : Organizaré una fiesta especial en casa.

B : ¿A quién invitarás?

A : Invitaré a todos los amigos íntimos.

B : ¿Cuántos vendrán?

A : Aún no sé. Podrán venir Luis, Alfonso y José.

Creo que Manuel no vendrá porque está de viaje con su hermano.

B : Pero Manuel me dijo que volvería esta tarde.

Tal vez habrá llegado en casa.

A : Entonces le llamaré un poco después.

B : Muy bien. ¿Qué prepararás?

A : Prepararé varias comidas y bebidas. ¿Me ayudarás?

B : Por supuesto. Yo te regalaré una tarta muy bonita.

Una gran tarta con tu nombre y veintitrés velas.

A : Muchas gracias.

Lección 16

1   **1** come   **2** venden   **3** respetan   **4** agotan

5 aman   **6** habla   **7** puede   **8** saludan

9 suele   **10** solucionan

2   **1** donde   **2** cuando   **3** donde   **4** como

5 cuando   **6** cuando   **7** donde

3   **A** : ¿Sabes dónde se venden periódicos?

B : En el quiosco. Está en la esquina de la calle.

A : ¿Allí se venden también revistas musicales?

B : Sí.

A : Tengo hambre. Vamos a comer algo.

B : Pero ahora sólo son las doce y media. ¿A qué hora se come en tu país?

A : En mi país se come a las doce más o menos.

Y la cena tiene lugar a partir de las seis de la tarde.

B : En España se suele comer y cenar muy tarde.

Lo más normal es comer a las dos de la tarde.

En los restaurantes se puede comer más tarde.

En las familias españolas se suele cenar entre 9 y 10 de la noche.

A : Entonces ¿aún no se abre el restaurante?

B : Aún no. Pero ahora podemos comer algo en cualquier

cafetería donde también se sirven bebidas y comidas.